Marketing und Vertrieb im Metaverse

Andreas Kohne · Ralf H. Komor

Marketing und Vertrieb im Metaverse

Das Metaverse verstehen und gewinnbringend nutzen: Einführung für Unternehmen

Andreas Kohne
itkon
Hessisch Oldendorf, Deutschland

Ralf H. Komor
Komor Interim Management
Ladenburg, Deutschland

ISBN 978-3-658-44956-8   ISBN 978-3-658-44957-5   (eBook)
https://doi.org/10.1007/978-3-658-44957-5

Die Deutsche Nationalbibliothek verzeichnet diese Publikation in der Deutschen Nationalbibliografie; detaillierte bibliografische Daten sind im Internet über https://portal.dnb.de abrufbar.

© Der/die Herausgeber bzw. der/die Autor(en), exklusiv lizenziert an Springer Fachmedien Wiesbaden GmbH, ein Teil von Springer Nature 2024

Das Werk einschließlich aller seiner Teile ist urheberrechtlich geschützt. Jede Verwertung, die nicht ausdrücklich vom Urheberrechtsgesetz zugelassen ist, bedarf der vorherigen Zustimmung des Verlags. Das gilt insbesondere für Vervielfältigungen, Bearbeitungen, Übersetzungen, Mikroverfilmungen und die Einspeicherung und Verarbeitung in elektronischen Systemen.
Die Wiedergabe von allgemein beschreibenden Bezeichnungen, Marken, Unternehmensnamen etc. in diesem Werk bedeutet nicht, dass diese frei durch jedermann benutzt werden dürfen. Die Berechtigung zur Benutzung unterliegt, auch ohne gesonderten Hinweis hierzu, den Regeln des Markenrechts. Die Rechte des jeweiligen Zeicheninhabers sind zu beachten.
Der Verlag, die Autoren und die Herausgeber gehen davon aus, dass die Angaben und Informationen in diesem Werk zum Zeitpunkt der Veröffentlichung vollständig und korrekt sind. Weder der Verlag noch die Autoren oder die Herausgeber übernehmen, ausdrücklich oder implizit, Gewähr für den Inhalt des Werkes, etwaige Fehler oder Äußerungen. Der Verlag bleibt im Hinblick auf geografische Zuordnungen und Gebietsbezeichnungen in veröffentlichten Karten und Institutionsadressen neutral.

Planung/Lektorat: Imke Sander
Springer Gabler ist ein Imprint der eingetragenen Gesellschaft Springer Fachmedien Wiesbaden GmbH und ist ein Teil von Springer Nature.
Die Anschrift der Gesellschaft ist: Abraham-Lincoln-Str. 46, 65189 Wiesbaden, Germany

Wenn Sie dieses Produkt entsorgen, geben Sie das Papier bitte zum Recycling.

Geleitwort Sebastian Klöß, Bitkom

Ein Buch über Marketing und Vertrieb im Metaverse im Jahr 2024 – ist das nicht zwei Jahre zu spät? Sicher nicht. Der große Hype um das Metaverse mag vorbei sein. Genau deshalb ist der Zeitpunkt ideal, um zu schauen, was das Metaverse tatsächlich ist, welchen Beitrag zum Marketing und Vertrieb es leisten kann und wie Unternehmen es für ihre Marketingstrategie nutzen können. Kurzum: Es ist die perfekte Zeit, um auf konkrete Möglichkeiten und weniger auf wolkige Zukunftsversprechen zu schauen.

Hinter dem Metaverse steht die Idee, das Internet um die dritte Dimension zu erweitern. Es soll in Echtzeit ablaufen, persistent sein, keine Teilnehmerbegrenzung kennen und die reale Welt mit der virtuellen Welt verschmelzen. Seine Schlüsseltechnologien sind schon heute verfügbar, etwa Augmented und Virtual Reality, künstliche Intelligenz, 3D-Objekte. Das Metaverse an sich hingegen ist noch eine Zukunftsvision.

Darin mag ein Grund liegen, warum es für viele so schwer greifbar ist. Es ist keine fertige App, die man herunterladen kann, und vieles von dem, was als vermeintliches Metaverse gezeigt wurde, waren comichafte Avatare in leeren 3D-Welten, die Enttäuschungen hervorriefen.

Aber auch das Internet in seiner Frühphase sah oft wenig ansprechend aus, und die „Für was benötigt man das überhaupt?"-Frage wurde ihm angesichts von nerdigen Foren und blinkenden Gästebuchseiten ebenfalls gestellt. Heute wissen wir: Das Internet hat unser Leben radikal verändert. Das Metaverse wird es genauso tun, auch wenn wir es dann möglicherweise nicht mehr Metaverse nennen werden. Das Internet nennt heute ja auch niemand mehr Cyberspace und Datenautobahn.

In diesem Sinne: auf ins Metaverse – und viel Spaß bei der Lektüre dieses Buches!

Sebastian Klöß
(Bereichsleiter Consumer Technology,
AR/VR & Metaverse bei Bitkom)

Geleitwort Björn Radde, T-Systems

Das Metaverse ist gekommen, um zu bleiben! Es wird die Art und Weise, wie wir kommunizieren, arbeiten, einkaufen und unsere Freizeit gestalten, grundlegend verändern. Hier treffen Innovation und Kreativität aufeinander, um neue Horizonte zu erschließen.

Der Einfluss des Metaverse auf das digitale Marketing ist dabei beinahe grenzenlos und in vielen Aspekten heute noch kaum vorstellbar. Es wird jedoch entscheidend sein, die einzigartigen Möglichkeiten zu verstehen, die sich für Business-to-Consumer (B2C) und Business-to-Business (B2B) bieten.

Im B2B-Kontext ermöglicht das Metaverse nicht nur eine neuartige Form der Zusammenarbeit und des Austauschs. Geschäftsreisen könnten durch virtuelle Meetings ersetzt werden, in denen Teams aus verschiedenen Teilen der Welt in einem gemeinsamen virtuellen Raum interagieren können.

Die Art und Weise, wie Unternehmen ihre Produkte erstellen, wird durch die Virtualisierung von Prozessen neu definiert. Im sogenannten Industrial Metaverse werden Produktionsprozesse optimiert und völlig neue Produkte geschaffen.

Für B2C-Unternehmen eröffnet das Metaverse ungeahnte Chancen, die Kundenbindung zu stärken und einzigartige Markenerlebnisse zu schaffen. Vorstellungen werden lebendig, wenn Kunden Produkte nicht nur betrachten, sondern in einer virtuellen Umgebung erleben können. Bevor ein Produkt überhaupt produziert wird, können Kunden es erleben. Zum Beispiel beim Auto- oder Immobilienkauf.

Die Integration von Augmented Reality (AR) und Virtual Reality (VR) wird dann zu einem mächtigen Werkzeug, um die emotionale Verbindung zwischen Marke und Verbraucher zu vertiefen. Lightweight XR-Brillen werden dafür sorgen, dass sich das Metaverse in der realen Welt stets um uns herum befindet. Klassische Plakate werden in einem Metaverse zur personalisierten Werbefläche. Wir werden uns mit computergenerierten Avataren unterhalten können, die uns als Verkäufer in einem Ladengeschäft jede Produktinformation geben können. In der Zukunft werden wir auch virtuelle Influencer treffen und uns über unser Lieblingsprodukt austauschen.

Bei all der Euphorie darf aber eines nicht vergessen werden: die technische Teilhabe. Noch sind VR-Brillen teuer und XR-Brillen werden wahrscheinlich noch teurer sein. Diese Technologie kann sich nicht jeder in einer Gesellschaft leisten. Wir müssen dafür Sorge tragen, dass auch die Schwachen einer Gesellschaft in die Möglichkeit der Metaverse-Nutzung kommen können und dabei niemanden ausgrenzen.

Alles in allem wird das Metaverse eine aufregende Welt sein. Dieses Buch bietet einen Einblick in die vielfältigen Möglichkeiten des digitalen Marketings in den Bereichen B2C und B2B. Möge dieses Buch nicht nur ein Verständnis für die Zukunft der Technologie schaffen, sondern auch dabei helfen, die Weichen für ein innovatives und erfolgreiches Marketing zu stellen. Denn das Metaverse ist gekommen, um zu bleiben!

Björn Radde
(Vice President Digital Marketing &
Innovation bei T-Systems)

Vorwort

Das Metaverse ist spätestens seit der Umbenennung des Facebook-Konzerns in Meta in aller Munde. Doch schon lange davor begeisterten sich die beiden Autoren für die Themen Augmented und Virtual Reality (AR und VR).

Andreas Kohne begleitet bereits seit 2017 seine Kunden bei der Umsetzung von AR- und VR-Anwendungen. Zu Beginn waren dies oft Anwendung im Immobilienbereich, doch es folgten weitere teilweise große internationale Projekte in der Aviation-Branche, den fertigenden Branchen sowie branchenübergreifende Projekte in den Bereichen Marketing und Vertrieb. Dabei reichten die Projekte von einfachen Produktkonfiguratoren über virtuelle Zwillinge bis hin zu komplexen Lernumgebungen und Messe-Events mit Gamification-Ansätzen. Andreas Kohne ist Gründungsmitglied des Arbeitskreises AR/VR/Metaverse beim Branchenverband Bitkom und leitete diesen über drei Jahre als Vorstandsvorsitzender.

Ralf Komor ist preisgekrönter B2B-Vertriebsexperte im Bereich Digitalisierung und setzt seit 2019 auf das Metaverse. Durch den visionären Einsatz von AR, VR und virtuellen Technologien in seinen Projekten beweist er seine Kompetenz. Als Leiter der Fachgruppe Vertrieb,

Marketing & Service bei der DDIM (Dachgesellschaft Deutsches Interim Management) hilft er, innovative Geschäftsmodelle zu entwickeln. Seine praxisnahen Lösungen und der Erfolg seiner Kunden in Projekten wie dem größten Auftrag in der Geschichte eines Weltmarktführers sowie sein Engagement für nachhaltige Ergebnisse machen ihn zu einem Vordenker auf seinem Gebiet.

Zusammen glauben die Autoren fest an das Metaverse. Es wird sich zwar nicht über Nacht und ohne Hindernisse und Hürden durchsetzen, doch es wird kommen. Die Entwicklungen dazu laufen weltweit an vielen Stellen und große Spieler bringen sich und ihre Firmen in Stellung.

Genau darum denken die Autoren, dass es an der Zeit ist, sich bereits jetzt mit dem Thema Metaverse auseinanderzusetzen und sich zu überlegen in welchen Unternehmensbereichen Vorteile zu heben sind. Das vorliegende Buch soll dazu zum einen aufklären, was das Metaverse wirklich ist und zum anderen vor allem für die sehr wichtigen Unternehmensbereiche Vertrieb und Marketing aufzeigen, in welche Richtung die Entwicklungen gerade gehen und wie Firmen sich bereits jetzt auf eine erfolgreiche Zukunft im Metaverse vorbereiten können.

Nutzen Sie die Informationen aus diesem Buch und entwickeln Sie Ihre individuelle Metaverse-Strategie. Das nötige Rüstzeug finden Sie auf den folgenden Seiten. Gerne stehen Ihnen die Autoren auch als individuelle Begleiter Ihrer Projekte zur Seite.

Viel Spaß beim Lesen und viel Erfolg bei der Umsetzung.

Wir sehen uns im Metaverse!

Januar, 2024

Dr. Andreas Kohne
Ralf H. Komor

Bitte beachten Sie, dass wir in diesem Buch aus Gründen der Lesbarkeit das generische Maskulinum nutzen. Grundsätzlich sind alle Geschlechter gleichermaßen gemeint.

Inhaltsverzeichnis

1	**Einleitung**	1
	Literatur	3
2	**Grundlagen**	5
	2.1 Technologie	6
	2.2 Immersion	9
	2.3 Zeitleiste	10
	2.4 Definition	11
	2.5 Web 3.0	13
	2.6 Einsatzgebiete und Anwendungen	15
	Literatur	18
3	**Warum wir noch nicht im Metaverse sind**	19
	Literatur	26
4	**Warum es sich trotzdem lohnt, sich schon heute mit dem Metaverse auseinandersetzen**	27
	Literatur	31

5 Auswirkungen des Metaverse auf Sales und Marketing — 33
5.1 Veränderung des Kundenverhaltens — 33
5.2 MetaSales: Neue Vertriebskanäle und Marketingmöglichkeiten — 36
  5.2.1 Ein blühendes Servicegeschäft — 37
  5.2.2 Schulungen und Trainings im virtuellen Raum — 38
  5.2.3 Personalisierte Produkt-Konfiguration — 39
  5.2.4 Generative Spaces — 41
  5.2.5 Spatial Computing — 44
  5.2.6 Meta Humans/Social Avatare — 45
  5.2.7 Virtual Influencer — 46
  5.2.8 Markenwahrnehmung — 47
Literatur — 49

6 Starthilfen für Unternehmen im Metaverse — 51
6.1 Analyse und Technologieanforderungen — 52
  6.1.1 Eine virtuelle Umgebung — 52
  6.1.2 Passende VR/AR-Hardware — 53
  6.1.3 Eine skalierbare Netzwerkinfrastruktur — 54
  6.1.4 Bei Bedarf: Eine E-Commerce-Integration und Zahlungsabwicklung — 54
  6.1.5 Ein zuverlässiges Daten- und Sicherheitsmanagement — 55
  6.1.6 Die passenden Technologiepartner wählen — 56
  6.1.7 Fehlende Kompetenzen aufbauen oder einkaufen — 56
6.2 Strategische Planung und Ressourcenallokation — 57
  6.2.1 Zieldefinition und Zielgruppenanalyse — 57
  6.2.2 Der Marketing- und Sales-Funnel im Metaverse — 58
  6.2.3 Influencer und strategische Partnerschaften — 59
  6.2.4 Risikokalkulation — 60
  6.2.5 Messen und Anpassen — 60
Literatur — 62

7	Chancen und Risiken		63
	7.1 Chancen		63
		7.1.1 Innovatives Marketing und hoch emotionale Kundenerlebnisse	64
		7.1.2 Markenbekanntheit und Umsatzsteigerung	65
	7.2 Risiken		65
		7.2.1 Deepfake-Technologie und Vertrauensprobleme	65
		7.2.2 Sicherheitsrisiken und Datenschutzbedenken	66
	Literatur		67
8	Infos, Links und Checklisten		69
	8.1 12 wichtige Metaverse-Unternehmen		69
		8.1.1 Amazon	70
		8.1.2 Apple	70
		8.1.3 Decentraland	70
		8.1.4 Epic Games	71
		8.1.5 Google	71
		8.1.6 Meta	71
		8.1.7 Microsoft	72
		8.1.8 NVIDIA	72
		8.1.9 Roblox	73
		8.1.10 Sandbox	73
		8.1.11 Shopify	73
		8.1.12 Siemens	74
		8.1.13 Unity Technologies	74
	8.2 Checkliste für den Einstieg ins Metaverse		75
		8.2.1 Ziele und Strategieentwicklung	75
		8.2.2 Technische Vorbereitung	75
		8.2.3 Implementierung und Integration	75
		8.2.4 Schulung und Kompetenzaufbau	76
		8.2.5 Erprobung und Evaluierung	76
		8.2.6 Langfristige Planung und Skalierung	76
	Literatur		77

Über die Autoren

Dr. Andreas Kohne Als Experte für Innovation, Transformation und Kommunikation veröffentlicht Andreas Kohne relevantes Fachwissen auf prägnante und verständliche Art und Weise. Seine Publikationen gehören international zur Standardlektüre in Wirtschaft und Wissenschaft und erscheinen in deutscher und englischer Sprache.

Der Autor ist Gesellschafter und Geschäftsführer der Unternehmensberatung itkon GmbH und einer von drei Geschäftsführern und Mitgründer der Unternehmensberatung Valisory GmbH. Kohne begleitet Firmen und Behörden auf ihrem Weg durch die digitale Transformation und berät seine Kunden in den Bereichen Strategie und Innovation sowie im Einsatz moderner Technologien wie zum Beispiel AR/VR/Metaverse sowie der künstlichen Intelligenz.

Als gefragter Keynote Speaker und Dozent mehrerer Hochschulen vermittelt Andreas Kohne praxisrelevantes Fachwissen. Mit einer gelungenen Mischung aus Expertise, Interaktion und Motivation ist er als Tech-Translator international unterwegs. Dabei gelingt es ihm, komplexe digitale Strukturen und Prozesse allgemeinverständlich zu veranschaulichen.

Andreas Kohne studierte an der TU Dortmund Informatik sowie Betriebswirtschaftslehre und promovierte dort berufsbegleitend in Informatik. Er ist berufener Senator im Europäischen Wirtschaftssenat und setzt sich für die digitale Transformation des deutschen Mittelstands sowie der Verwaltung ein. Der Autor lebt mit seiner Frau in der Nähe von Hannover.

info@andreaskohne.de
https://www.andreaskohne.de
https://valisory.com

Ralf H. Komor Diplom-Wirtschaftsingenieur Ralf H. KOMOR ist im Interim Management und in der Beratung eine anerkannte Autorität mit langjähriger Erfahrung. Er ist als „Sales Captain" bekannt. In der Deutschen Dachorganisation für Interim Management (DDIM) leitet er die Fachgruppe Vertrieb, Marketing & Service. Als Springer-Autor hat er bereits an fünf Fachbüchern mitgewirkt. Für seine Expertise und seinen innovativen Ansatz im Bereich Digitalisierung wurde er mit dem „Interim Management Excellence Award" ausgezeichnet.

Schwerpunkte seiner Arbeit sind die Entwicklung neuer Geschäftsmodelle und die Optimierung von Vertriebsstrategien, insbesondere in kritischen Turnaround-Situationen. Mit mehr als 35 Jahren Erfahrung im B2B-Vertrieb auf C-Level ist er Spezialist für mittelständische Unternehmen, Start-ups und Konzerne, vor allem in den Branchen Maschinen- und Anlagenbau sowie Software. Seine Mandate zeichnen sich durch signifikante Verbesserungen in der Kundenakquise, in der Effizienzsteigerung und in der Customer Experience aus.

Beim Einsatz von AR, VR, MetaSales und virtuellen CPQ/Konfiguratoren ist Komor nicht nur ein erfahrener Praktiker, sondern auch ein Visionär. Er hat diese Technologien erfolgreich umgesetzt, wie bei einem Weltmarktführer, wo er den größten Auftrag der Firmengeschichte begleitete.

Sein Wissen und seine Einblicke teilt Komor regelmäßig in verschiedenen Fachmedien, Büchern und seinem LinkedIn-Newsletter und profiliert sich damit als Vordenker in seinem Bereich. Sein Motto „Resulting statt Consulting" unterstreicht sein Engagement für praxisorientierte Lösungen und nachhaltige Ergebnisse.

ralf@komor.de
metasales-excellence.com
komor.de

1

Einleitung

Viele reden darüber, doch nur wenige wissen wirklich, was es ist: das Metaverse, oder auf Deutsch: das Metaversum. Abgeleitet aus dem Griechischen/Lateinischen bedeutet es so viel wie „jenseits/über der realen Welt". Laut einer Studie von Statista haben bereits 41 % der Befragten in Deutschland den Begriff schon einmal gehört, doch erklären können ihn die wenigsten; und (aktuell) nutzt fast niemand das Metaverse (Statista 2022). Nach einer kurzen Internet-Recherche könnte man fast den Eindruck gewinnen, dass das Metaverse vor allem pink und violett sei und aus animierten Figuren bestehen würde. Zusätzlich erfährt man, dass viele Technologien mit unverständlichen Abkürzungen eine wichtige Rolle spielen: AR, VR, MR, XR und viele mehr. Außerdem heißt Facebook seit einigen Jahren Meta und entwickelt Hard- und Software für das Metaverse. Und zusätzlich scheint das Metaverse auch mit Crypto-Währungen, NFTs und dem Web 3.0 zu tun zu haben.

Das alles ist richtig, vermittelt aber nur einen Teil der Wahrheit, denn das Metaverse ist vielschichtig und komplex. Es verbindet die reale mit der virtuellen Welt, nutzt moderne Technologien zur Kommunikation und Darstellung von multimedialen Inhalten und wird in Zukunft die

Art und Weise verändern, wie mit Daten und Informationen über das Internet interagiert wird.

Der Begriff „Metaversum" ist dabei nicht neu. Er wurde bereits im Jahr 1938 durch den französischen Dichter Antonin Artaud genutzt und wird in seiner Essaysammlung „Das Theater und sein Double" erstmals erwähnt (Artaud 1989). Hier ging es aber vielmehr um eine philosophische Betrachtung des Schauspiels auf einer Bühne als um virtuelle Welten im Internet. Der Begriff „Metaverse" und seine Bedeutung zieht sich aber schon länger durch die moderne Geschichte und beflügelt Wissenschaftler, Autoren und Vordenker seit Jahrzehnten.

Das Verwirrende ist vielleicht, dass das eigentliche Metaverse noch gar nicht existiert und es wahrscheinlich auch noch viele Jahre dauern wird, bis das Metaverse im vollen Umfang für möglichst viele Menschen weltweit verfügbar ist. Trotzdem können wir schon heute erahnen, wie sich die Technologie über die nächsten Jahre entwickeln wird. Welche Auswirkungen das Metaverse auf das Internet der Zukunft, die Gesellschaft und die Wirtschaft haben wird, ist dahingegen in Gänze noch nicht absehbar. Trotzdem zeichnet sich ab, dass es in vielen Bereichen einen großen Einfluss auf das tägliche Leben vieler Menschen auf der gesamten Welt haben wird. Zu nennen sind hier vor allem diese Bereiche: sozialer Austausch (social), spielen (gaming) und die Arbeitswelt (work). Auch im Bereich Lernen (learning) kann das Metaverse viele Neuerungen mit sich bringen. Darum befassen sich bereits heute viele Firmen damit, Technologien, Plattformen und Anwendungen für das Metaverse zu entwickeln und gewinnbringend miteinander zu verknüpfen. So nähern wir uns Schritt für Schritt dem vollintegrierten Erlebnis, das das Metaverse zukünftig bringen wird.

In diesem Buch wollen wir auf kurze und prägnante Weise aufzeigen, was das Metaverse wirklich ist, warum es noch nicht in Gänze verfügbar ist und warum es wichtig ist, sich damit trotzdem schon jetzt aktiv auseinanderzusetzen. Dabei werden wir vor allem die Auswirkungen des Metaverse auf die Bereiche Marketing und Vertrieb eingehen, da aus unternehmerischer Sicht hier viele Chancen und Möglichkeiten liegen. Doch wie bei jeder neuen Technologie, gibt es auch Risiken: So sind noch viele rechtliche Fragen im Metaverse zu klären und das wichtige Thema Datenschutz wirft ebenfalls viele Bedenken auf. Trotz alldem möchten wir den Leser ermutigen, das Thema Metaverse ernst zu nehmen und sich eingehend damit zu befassen. Denn nur, wer die Rahmenbedingungen versteht, kann im ersten Schritt für seine Branche und im zweiten Schritt ganz konkret für das eigene Unternehmen bewerten, welche Auswirkungen das Metaverse zukünftig haben wird. Denn es ist keine Frage mehr „ob", sondern nur noch die Frage „wann" das Metaverse wirklich da sein wird. Und wenn sich früher oder später immer mehr Menschen im Metaverse bewegen, müssen Unternehmen bereits jetzt planen, wie sie ihre Kunden dort erreichen können.

In den folgenden Kapiteln werden wir Sie von den Grundlagen des Metaverse bis zu den konkreten Auswirkungen auf die Bereiche Marketing und Vertrieb mitnehmen und Ihnen das nötige Wissen und Rüstzeug an die Hand geben, um bereits heute eine geeignete Strategie für Ihren Auftritt im Metaverse planen zu können.

Literatur

Artaud, Antonin (1989). *Das Theater und sein Double. aus dem Franz. übers. von Gerd Henniger. Fischer.*
Statista, https://de.statista.com/outlook/amo/metaverse/weltweit, 2022 (letzter Zugriff: 31.01.2024).

2

Grundlagen

Mark Zuckerberg sagte einmal man könne sich „das Metaverse aber auch als ein verkörpertes Internet vorstellen, in dem man Inhalte nicht nur anschaut, sondern in ihnen steckt" (Süddeutsche 2021). Doch schon weit vor dem Metaverse beschäftigten sich Forscher mit virtuellen Erlebnissen. Die erste wirkliche Simulation wurde bereits 1962 entwickelt. Mit der „Sensorama" wurde eine Maschine erfunden, die es dem Anwender ermöglichte, auf einem Motorrad durch New York zu fahren, während vor ihm ein 3D-Film der Umgebung ablief, der Stuhl passend vibrierte und sogar Ventilatoren für Gegenwind und die passenden Gerüche eingesetzt wurden. Seit damals sind wir einen weiten Weg gegangen und die Technologie hat sich vor allem in den letzten Jahren rapide verbessert.

In diesem Kapitel werden die Grundlagen hinter dem Metaverse beschrieben. Dazu werden zunächst die eingesetzten Technologien sowie der Begriff der Immersion beschrieben und ein zeitlicher Abriss der wichtigsten Schritte in Richtung des Metaverse wird gegeben. Danach wird eine Definition des Begriffs Metaverse entwickelt und abschließend werden mögliche Anwendungsgebiete vorgestellt.

2.1 Technologie

Das Metaverse als solches besteht rein aus Einsen und Nullen. Zugänglich wird es erst durch den Einsatz von speziellen Endgeräten. Dazu zählen vor allem AR- und VR-Brillen. Im Folgenden werden die wichtigsten Technologien zur Darstellung des Metaverse kurz vorgestellt.

Zunächst werden jedoch digitale Werkzeuge benötigt, die die Erstellung der 3D-Metaverse-Anwendungen ermöglichen. Hierzu zählen vor allem Entwicklungswerkzeuge, die aus dem Bereich der Spieleentwicklung bekannt sind. Die beiden größten Entwicklungsumgebungen sind die Unreal Engine und Unity. Mithilfe dieser beiden Programme werden heutzutage die meisten der Computer- und Konsolenspiele entwickelt. Weiterhin können damit auch Spiele für mobile Endgeräte wie Handys und Tablets erstellt werden. Innerhalb dieser Umgebungen werden die 3D-Umgebungen erstellt, Interaktionen programmiert und Charaktere zum Leben erweckt. Natürlich werden zusätzlich weitere Programme für die Modellierung der virtuellen Objekte benötigt und es werden intelligente Programme benötigt, die auf den Servern die Ausführung der Metaverse-Umgebungen ermöglichen. Hier gibt es aktuell eine breite Palette an Software, die die Entwickler unterstützen. Eine genauere Betrachtung würde den Rahmen dieses Buchs sprengen. Darum werden im weiteren Verlauf die wichtigsten Darstellungsarten für das Metaverse vorgestellt.

Augmented Reality (AR)

Als AR wird eine Technologie bezeichnet, die es erlaubt, mithilfe geeigneter Anzeigegeräte wie zum Beispiel AR-Brillen, Handys oder Tablets digitale Objekte, Informationen und Daten in Echtzeit über die reale Welt zu legen. Somit wird der reale Raum um den Anwender herum digital erweitert oder ergänzt. Bekannte Geräte zur Darstellung von AR sind die HoloLens von Microsoft und die Magic Leap vom gleichnamigen Hersteller. Google erregte mit den Brillen Google Glass und Daydream ebenfalls großes Aufsehen. Bei dieser Klasse von Geräten setzt der Nutzer eine spezielle Brille auf, die an einen kleinen tragbaren Computer angeschlossen ist. Die virtuellen Informationen und Objekte werden dann auf die Gläser projiziert und so dargestellt, als würden sie wirklich vor dem Nutzer erscheinen. Zusätzlich können alle modernen mobilen Endgeräte (Handys und Tablets) AR-Anwendungen anzeigen.

Mithilfe der AR-Technologie können virtuelle 3D-Objekte, Texte, Videos und viele weitere Medien in der realen Welt platziert werden. Die Technologie erlaubt weiterhin eine Interaktion mit den virtuellen Gegenständen. So können entweder mithilfe spezieller Gesten, mit Controllern oder durch Eingaben auf den mobilen Endgeräten spezielle Aktionen ausgelöst, Objekte manipuliert oder zusätzliche Gegenstände in der realen Welt platziert werden. Ein großer Vorteil der Technologie ist, dass der Anwender die ganze Zeit den realen Raum um sich sieht und die zusätzlichen, digitalen Informationen positionsgerecht, korrekt räumlich verzerrt und konsistent über die Realität geblendet werden. Dies macht die Technologie sehr portabel und es können AR-Anwendungen für die unterschiedlichsten Anwendungsfälle entwickelt werden. Eine der ersten AR-Anwendungen, die immer noch sehr beliebt ist, ist Pokémon Go. In dem Spiel können überall auf der Welt in Parks, in Innenstädten und auf der Straße kleine Monster gefunden und eingesammelt werden. Die digitalen Kreaturen laufen dabei einfach über den Boden und können mithilfe eines Handys oder Tablets gefunden werden. Weitere Anwendungen sind im Bereich der Anzeige von wichtigen Informationen (zum Beispiel Fahrpläne an Bahnhöfen, in Gebäuden zur Orientierung, oder 3D-Navigationsdaten) sowie im Bereich der modernen Medizin und der Logistik zu finden. Überall können relevante Daten in Echtzeit über die Realität geblendet werden und dem Anwender einen echten Mehrwert bieten. Zukünftig werden immer mehr Anwendungen in diesem Bereich entstehen und in vielen Lebensbereichen nicht mehr wegzudenken sein, da die Anwendung so einfach ist und viele Menschen bereits ein Gerät besitzen, das eine direkte Interaktion mit den virtuellen Anwendungen ermöglicht.

Mixed Reality (MR)
MR baut auf AR auf und legt einen größeren Fokus auf die nahtlose Integration der virtuellen Objekte und die Interaktion zwischen physischer und virtueller Welt. Die Technologie bietet Möglichkeiten der Echtzeitinteraktion mit virtuellen Objekten, die sich dabei so verhalten,

als wären sie real vorhanden. Somit können Objekte zum Beispiel realistische physikalische Eigenschaften besitzen und zum Beispiel vom Tisch fallen und am Boden zerschellen. Weiterhin ist es möglich, mit mehreren Menschen gleichzeitig dieselben virtuellen Objekte und Informationen aus unterschiedlichen Winkeln im realen Raum zu sehen und zu manipulieren. Hierdurch ergeben sich diverse Anwendungsfälle, die von einfachen Spielen bis hin zur Unterstützung von komplizierten medizinischen Eingriffen reichen. Die Grenze zwischen AR und MR ist dabei fließend und eine genaue Zuordnung der Anwendungen oft nicht möglich, da die Technologien sich gegenseitig bedingen. MR-Anwendungen werden aber meist mithilfe von speziellen Brillen genutzt, da durch das Tragen und Bedienen eines mobilen Endgeräts die direkte Interaktion mit den virtuellen Informationen und Objekten sehr viel aufwendiger und weniger intuitiv ist. Aktuell platziert beispielsweise Apple seine erste Brille, die Vision Pro, im Bereich MR.

Virtual Reality (VR)
VR geht noch einen Schritt weiter. Bei dieser Art von Anwendung werden spezielle VR-Brillen genutzt, die den Menschen komplett von der Realität entkoppeln. Der Nutzer sieht in der geschlossenen Brille mithilfe von zwei hochauflösenden Bildschirmen eine zu 100 % computergenerierte Umgebung. Dies ermöglicht, im Gegensatz zu AR/MR, vollkommene Freiheit bei den angezeigten Anwendungen. So können fantastische 3D-Welten erkundet, der Meeresmoden besucht oder das Weltall durchflogen werden. Der Fantasie sind hier keine Grenzen gesetzt. Gleichzeitig hört der Nutzer über integrierte Kopfhörer die passenden Geräusche und kann so komplett in die virtuellen Welten abtauchen (vgl. Abschn. 2.2 „Immersion"). Bekannte VR-Brillen sind die Oculus-Brillen der Firma Meta oder die Brillen der Vive-Serie von HTC.

Alle VR-Systeme tracken die Position des Nutzers in Echtzeit (entweder durch externe Sensoren „outside-in-tracking" oder durch spezielle Sensoren in der Brille „inside-out-tracking"). Somit werden reale Bewegungen in die virtuelle Welt übertragen und Nutzer können sich (im Rahmen der technischen und räumlichen Möglichkeiten) frei im realen Raum bewegen und die Bewegungen übertragen sich auf den Charakter in der Anwendung. Bedient werden die Anwendungen meist durch spezielle Controller die gleichzeitig die Bewegungen der Hände und teilweise sogar der einzelnen Finger tracken und in die Anwendungen übertragen. So wird eine einfache und vollkommen natürliche Interaktion zwischen dem Anwender und der digitalen Welt ermöglicht. Die Anwendungsfälle reichen von Spielen über Lernen bis hin zum sozialen Austausch in virtuellen Räumen.

Extended Reality (XR)
Der Begriff XR (aus dem Englischen: Erweiterte Realität) ist als Oberbegriff für alle AR- und VR-Bereiche eingeführt worden und verbindet alle Technologien zur 3D-Darstellung und Interaktionen von realen und digitalen Objekten sowie Informationen.

Spatial Computing
Unter diesem noch neuen Begriff werden alle Anwendungen zusammengefasst, die einen besonderen Fokus auf die räumliche („spatial") Interaktion und Wahrnehmung im Kontext von AR- und VR-Anwendungen legen. Die Technologie bildet die Grundlage für eine optimale Verbindung der realen mit der virtuellen Welt. Sie erlaubt es, sehr realistisch mit virtuellen und realen Objekten zu interagieren, ohne dass es zu Problemen oder Irritationen kommt. Somit ist das Spatial Computing eine wichtige Grundlage für das Metaverse.

2.2 Immersion

Ein großes Ziel der Entwickler von AR/VR-Hard- und Software ist es, die sogenannte Immersion zu steigern. Als Immersion wird das Eintauchen in die 3D-Welten verstanden. Je besser, realistischer und fesselnder eine gegebene Anwendung ist, desto mehr vergessen die Nutzer, dass sie nicht in einer realen Umgebung sind und tauchen somit sprichwörtlich immer tiefer in die 3D-Erlebnisse ein. Abhängig von der gewählten Zugangstechnologie ist der Zustand der Immersion stärker oder schwächer. So verlieren Nutzer von VR-Anwendungen schnell das Gefühl für Zeit und Raum, da die reale Umgebung durch die geschlossene Brille komplett von ihnen abgeschirmt wird. Bei AR-Anwendungen ist dieses Gefühl technologiebedingt oft nicht so stark. Trotzdem können auch hier durch geschickte Einblendungen und Interaktionen strake Immersionen erzeugt werden.

2.3 Zeitleiste

Das Metaverse scheint eine neue Technologie zu sein, die sich erst in den vergangenen Jahren langsam zu entwickeln begonnen hat. Schaut man aber genau hin, so reicht die Historie des Metaverse und der Idee von verteilten 3D-Umgebungen bereits weit zurück. Im Folgenden werden die wichtigsten Meilensteine auf dem Weg ins Metaverse kurz zusammengefasst:

- **1960:** Der Informatiker Ivan Sutherland beginnt mit der Entwicklung des ersten VR-Headsets: The Sword of Damocles
- **1982:** Der Film Tron kommt in die Kinos. Darin erleben die Hauptpersonen aufregende Abenteuer und wilde Verfolgungsjagden im Inneren einer Computersimulation.
- **1984:** In dem Buch Neuromancer von William Gibson wird das Wort Cyberspace das erste Mal genutzt. (Gibson 1984)
- **1986:** In dem C64-Spiel Habitat wird das Wort Avatar zum ersten Mal als Repräsentation in einem Computerspiel genutzt.
- **1992:** In seinem Buch Snow Crash etabliert Neil Stephenson das Wort Metaverse. Dort wird es als eine virtuelle Welt mit einer langen Straße beschrieben. Links und rechts der Straße befinden sich Gebäude, die jeweils eine eigene Anwendung repräsentieren. Der Dystopische Roman rund um die mysteriöse Droge Snow Crash hat bei vielen Lesern bereits Kultstatus. (Stephenson 1992)
- **1999:** Der Film Matrix kommt in die Kinos. Darin erfährt der Hacker Neo, dass er in einer großen Computersimulation lebt und die Menschen in der Realität nur noch als Energiespender für einen riesigen Computer und Roboter/Drohnen dienen.
- **2003:** Das isometrische 3D-Spiel Second Life wird veröffentlicht. Die Simulation gilt bis heute als Vorlage für das Metaverse. Hier

konnte bereits mit der eigenen virtuellen Währung Lindendollar virtuelles Land erworben und mit fantasiereichen Gebäuden ausgestattet werden. Die Plattform lieferte Möglichkeiten für den regen Austausch zwischen den Spielern und ist immer noch aktiv, obwohl die Popularität rapide abgenommen hat.
- **2011:** Das Buch Ready Player One von Ernest Cline erscheint. In dem dystopischen Fantasy-Roman spielt sich das Leben der meisten Menschen im Jahr 2045 nur noch in einer virtuellen 3D-Welt namens Oasis ab. (Cline 2011)
- **2012:** Die erste Oculus-VR-Brille wird durch den Erfinder Palmer Luckey vorgestellt und sofort zum Verkaufsschlager.
- **2014:** Facebook kauft die Firma Oculus und übernimmt die gesamte Entwicklung und Produktion.
- **2015:** Microsoft stellt mit der HoloLens die erste eigene AR-Brille vor.
- **2016:** Das AR-Spiel Pokémon Go, in dem kleine Monster überall in der realen Welt gefunden und gesammelt werden können, kommt auf den Markt und etabliert sich sofort als das erfolgreichste Mobile-Spiel aller Zeiten.
- **2021:** Facebook benennt sich in Meta Platform Inc. um und gibt eine großangelegte Investition in den Bereich Metaverse bekannt.
- **2021:** Microsoft veröffentlicht mit Mesh eine Mixed-Reality-Plattform vor, die vor allem durch eine Integration in weitere Microsoft-Produkte wie Teams punkten soll (Microsoft 2021).
- **2024:** Apple veröffentlicht mit der Vision Pro das erste eigene Mixed-Reality-Headset.

2.4 Definition

Eine genaue Definition des Metaverse zu geben ist komplex, da viele Aspekte des Metaverse noch gar nicht konkret absehbar sind. Trotzdem haben sich bereits mehrere Personen und Institutionen einer Definition genähert. Die bisher umfangreichste Definition liefert der Investor und Autor Matthew Ball. In seinem bekannten Artikel „The Metaverse: What It Is, Where to Find it, and Who Will Build It" schrieb er bereits 2020: „Wie die vollständige Version des Metaverse aussehen wird, ist schwer zu definieren, gleichzeitig fantastisch und vor allem noch Jahrzehnte entfernt!" (Ball 2020). In seinem aktuellen Buch „Das Metaverse – Und wie es alles revolutionieren wird" beschreibt er wichtige Eckpunkte, die das zukünftige Metaverse erfüllen muss (Ball (2), 2022):

- **Riesiges interoperables Netzwerk:** Der Idee des Buchs Snow Crash folgend definiert Ball das Metaverse als ein Netzwerk, welches jegliche 3D-Anwendungen miteinander verknüpft und ein unterbrechungsfreies Wechseln zwischen den einzelnen Anwendungen möglich macht. Gleichzeitig ist die Mitnahme von Avataren und virtuellen Gegenständen sowie der Zugriff auf (virtuelle und reale) Zahlungsmittel über geeignete Schnittstellen gewährleistet.
- **In Echtzeit gerenderte 3D-Welt:** Im Gegensatz zum Web 2.0, bei dem Inhalte auf klassischen Monitoren und Bildschirmen konsumiert wurden, handelt es sich beim Metaverse um 3D-computergenerierte Umgebungen und Informationen, die in Echtzeit berechnet und dargestellt werden. Somit ist dies eine Bewegung weg vom 2D-Scrollen hin zu interaktiven, immersiven 3D-Erlebnissen.
- **Unbegrenzte Anzahl gleichzeitiger Nutzer:** Das Metaverse soll eine für die ganze Menschheit offene Plattform zum Austausch darstellen. Somit muss das Metaverse potenziell eine unbegrenzte Anzahl gleichzeitiger Nutzer unterstützen, die sich zum selben Zeitpunkt durch die virtuellen Umgebungen bewegen, sich austauschen, arbeiten, vergnügen und Handel treiben.
- **Immer online:** Das Metaverse kann ohne das Internet nicht funktionieren. Darum ist eine der Grundfunktionalitäten, dass es jederzeit und verzögerungsfrei zur Verfügung steht. Das ist offensichtlich, da sich im Metaverse zukünftig ganze Wirtschaftszweige bilden werden und dort Geschäfte abgeschlossen werden. Ausfälle sind hier unerwünscht.
- **Synchron:** Ein weiterer wichtiger Aspekt in Balls Definition ist die Synchronität. Dies bedeutet, dass jegliche Aktionen, die im Metaverse durchgeführt werden, sofort und gleichzeitig für alle anderen Nutzer verfügbar sein müssen. Natürlich gilt dies nur für Aktionen und Informationen, die auch geteilt werden sollen oder dürfen. So

muss zum Beispiel eine Aktion eines Anwenders innerhalb eines virtuellen Raums allen weiteren Teilnehmern in diesem Raum gleichzeitig und verzögerungsfrei angezeigt werden, egal, wo auf der Welt sich die Anwender gerade befinden.
- **Persistent:** Die letzte Anforderung an das Metaverse ist laut Ball die Persistenz. Dies bedeutet, dass jegliche Aktionen eines Nutzers permanent für alle anderen Nutzer abgespeichert und bei Bedarf abrufbar gemacht werden müssen. Ein Beispiel wäre ein Avatar, der durch eine verschneite 3D-Landschaft stapft. All seine Fußspuren müssen der Forderung nach abgespeichert und nachfolgenden Nutzern, die ebenfalls dorther gehen, angezeigt werden. Dies stellt sicher, dass Veränderungen an virtuellen Gegenständen dauerhaft und für alle sichtbar im Netzwerk hinterlegt werden.

Es gilt zu beachten, dass es sich bei dem Wort Metaverse um ein Singularwort handelt. Das bedeutet, dass es nur genau ein Metaverse gibt und nicht viele. Es gibt auch nur ein Internet. Und genau wie das Internet (das Netz der Netze) viele unterschiedliche Netzwerke miteinander verbindet, verbindet das Metaverse beliebige 3D-Erlebnisse im Web 3.0. Das Ziel ist es, dass Menschen dort zukünftig leben, arbeiten, Freizeit verbringen, einkaufen, Content erstellen und Vieles mehr. Es soll im Metaverse eine vollfunktionsfähige, virtuelle und weltumgreifende Wirtschaft entstehen.

2.5 Web 3.0

Das Metaverse wird oft im Zusammenhang mit dem Web 3.0 erwähnt. Deshalb wird im Folgenden kurz erläutert, was das Web 3.0 ist, was es auszeichnet und wie es mit dem Metaverse zusammenhängt. Dazu wird zunächst die Entwicklung beginnend beim Web 1.0 kurz erläutert:

- **Web 1.0:** Dies ist rückblickend die Bezeichnung für die erste Version des Internets aus den späten 80er Jahren bis in die frühen 2000er. Sie zeichnete sich durch statische Inhalte auf einfachen HTML-Seiten aus. Größtenteils wurden Informationen rein textbasiert zur Verfügung gestellt und der Abruf fand meist über klassische PCs und Laptops mithilfe von Browsern statt. Es bildeten sich erste Online-Communities und Inhalte wurden oft über Foren geteilt und diskutiert. Diese Phase des Internets zeichnete sich größtenteils durch reines Konsumieren aus.

- **Web 2.0:** Die zweite Entwicklungsstufe des Internets ist durch eine große Interaktion ausgezeichnet und begann ca. Anfang der 2000er Jahre. Webseiten werden interaktiver und bunter. Soziale Netzwerke dominieren die Interaktion und der Durchbruch der Smartphones sorgt für einen Sprung in der mobilen Nutzung. Gleichzeitig übernehmen interaktive Medien wie Musik und Videos die Spitze der konsumierten Inhalte und lösen damit statische Texte ab. Neben dem reinen Medienkonsum entsteht in dieser Phase eine breite Landschaft an Content-Produzenten, die permanent neue Inhalte für ihre jeweiligen Communities erstellen.
- **Web 3.0:** Hierbei handelt es sich um die nächste Entwicklungsstufe des Internets. Das Web 3.0 entwickelt sich seit den 2010er Jahren aber die Entwicklung ist noch lange nicht abgeschlossen. Es wird auch von dem semantischen Netz gesprochen, bei dem die Bedeutung der Inhalte zum Beispiel mithilfe von KI (Künstliche Intelligenz) genutzt und auf neue Zusammenhänge geschlossen werden kann. Gleichzeitig nutzt das Netz die Blockchain-Technologie und Crypto-Währungen, um ein weltumspannendes intermediärfreies Bezahlsystem aufzubauen und NFTs (Non-Fungible Tokens, aus dem Englischen etwa „Nicht teilbare Wertmarken"), um (virtuelle und reale) Besitztümer eindeutig zuweisen zu können und nicht kopierbar zu machen. Darauf aufbauend werden mithilfe von DAOs (Decentralized Autonomous Organizations, aus dem Englischen: Dezentrale autonome Organisationen) ganze Unternehmen ohne Angestellte rein auf Basis von Quellcodes definiert und betrieben. Gleichzeitig ist das Kreieren von speziellem Content perfektioniert und vollständig kommerzialisiert worden. Der Zugriff auf das Web 3.0 kann neben den klassischen Geräten (Notebook, PC, Smartphone und Tablet) nun auch mithilfe von AR/VR-Brillen geschehen und mithilfe von schnellen und flächendeckenden 5G- und 6G-Netzwerken ist auch der mobile Zugriff weltweit bald kein Problem mehr. Gleichzeitig

findet eine Verknüpfung von klassischen, durch Menschen generierten Daten und Informationen, die maschinell, zum Beispiel mithilfe von KI erstellt wurden sowie Maschinendaten aus dem Bereich IoT (Internet of Things) statt.

Das Metaverse ist eine Anwendung, die das Web 3.0 nutzt. Somit ist das Metaverse nicht gleichzusetzen mit dem Web 3.0. Vielmehr baut das Metaverse auf dem Web 3.0 auf, nutzt die darüber verfügbaren Services und bietet mithilfe von AR/VR-Technologien eine vollkommen neue Art mit und über das Internet zu kommunizieren und sich auszutauschen.

2.6 Einsatzgebiete und Anwendungen

Es zeichnen sich bereits jetzt viele valide Einsatzgebiete für das Metaverse ab. Im Folgenden werden die wichtigsten Treiber mit einigen Beispielen vorgestellt:

1. **Soziale Netzwerke:** Der aktuell größte vorhergesagte Nutzen liegt in der sozialen Vernetzung. Viele sehen das Metaverse als „Social Media 2.0". Die Verknüpfung und der Austausch mit weiteren Menschen von überall auf der Welt in Echtzeit und 3D ist für viele Anwender aktuell der größte Treiber, sich im Metaverse zu bewegen.
2. **Spiele:** Ein zweiter großer Treiber des Metaverse liegt bei den Spielen. Das Metaverse bietet hier ganz neue Möglichkeiten, sich in großen 3D-computergenerierten Welten mit hunderten oder sogar tausenden von Spielern gleichzeitig zu messen und tief in fantastische Welten einzutauchen.
3. **Unterhaltung:** Neben den Spielen wird auch der klassische Unterhaltungssektor im Metaverse stattfinden. Schon jetzt gibt es spezielle Konzerte und Kunstausstellungen, die so in der Realität nicht möglich wären. Auch der Besuch eines 3D-Kinos ist denkbar.
4. **Kollaboration:** Das verteilte Zusammenarbeiten hat sich vor allem in der Corona-Pandemie stark durchgesetzt und ist inzwischen normal. Das Metaverse bietet hier neben den klassischen Videokonferenzen viele weitere Möglichkeiten. So können Teilnehmer ihre

Präsentationen in Echtzeit mit Avataren austauschen und sogar das Arbeiten an 3D-Objekten, die vor den Teilnehmern im Raum schweben ist bereits möglich. So entsteht eine neue Art der verteilten Entwicklung, die zum Beispiel im Automobilbereich bereits stark verbreitet ist.

5. **Schulungen und Training:** Auch der Bereich der Bildung wird vom Metaverse beeinflusst werden. Es gibt bereits heute spezielle Ausbildungen für Mediendidaktiker, die Fortbildungen in AR/VR-Umgebungen konzipieren und durchführen. Hier ergeben sich vollkommen neue Arten der Wissensvermittlung, die in realen Unterrichtsräumen nicht möglich wären. Zusätzlich ist auch der verteilte Unterricht für Lernende rund um den Globus kein Problem.
6. **Digitale Verwaltung:** Neben den eher privatwirtschaftlich ausgelegten Anwendungen entstehen gerade in vielen Ländern der Welt Metaverse-Initiativen der Regierung. Es wird versucht, mithilfe des Metaverse die Verwaltung näher an die Bürger zu bringen und einen direkteren Austausch sowie digitale Prozesse anzubieten.
7. **Immobilien:** Der Immobiliensektor ist seit Einführung der AR/VR-Technologie einer der ersten großen Nutzer der neuen Technologien. So können zukünftige Bauten frühzeitig einem breiten Publikum gezeigt werden und architektonische Änderungen sind dank der 3D-Technik in Echtzeit möglich. So können beispielsweise unterschiedliche Innenraumdesigns in Sekundenschnelle präsentiert werden und komplexe Umbaumaßnahmen in einem 1:1-3D-Modell in der Realität virtuell diskutiert und visualisiert werden.
8. **Industrie:** Die Industrie wird in Zukunft verstärkt auf AR/VR-Technologien zurückgreifen. Sei es zur Ausbildung ihrer Techniker an komplizierten und teuren Maschinen oder zur Visualisierung von Echtzeitdaten einer Maschine oder einer gesamten Fabrik mithilfe von sogenannten virtuellen Zwillingen. Hierbei können industrielle Anwendungen und Prozesse bereits vor der Umsetzung in 3D simuliert werden. Zusätzlich können Maschinendaten mithilfe von IoT-Sensoren in die 3D-Welt übertragen und dort in Echtzeit mit Spezialisten aus der ganzen Welt gleichzeitig visualisiert und diskutiert werden (Bitkom 2 2023).

9. **Recruiting:** Zukünftig werden weiterhin viele Unternehmensprozesse in das Metaverse verlagert oder zumindest ausgeweitet werden. Hierzu wird auch das Recruiting, also das gezielte Anwerben potenzieller neuer Bewerber gehören. Schon heute können zum Beispiel virtuelle Bewerbungsgespräche mit Fachkräften aus der ganzen Welt in 3D/VR-Umgebungen abgehalten werden.
10. **Marketing:** Das Marketing wird im Rahmen des Metaverse eine ganz neue und zentrale Bedeutung für das Unternehmen erhalten. So bieten sich in den zukünftigen 3D-Welten vollkommen neue Möglichkeiten zum Beispiel die eigene Marke darzustellen. Neben dem Branding werden auch viele weitere relevante Bereiche des Marketings in Zukunft durch das Metaverse beeinflusst werden. Dazu später mehr in diesem Buch.
11. **Vertrieb:** Auch der Vertrieb wird maßgeblich durch das Metaverse beeinflusst. So können Produkte und Dienstleistungen in den 3D-Welten auf vollkommen neue Art und Weise präsentiert und verkauft werden. Da dieser Bereich neben dem Marketing am relevantesten für Unternehmen ist – denn hier liegen zukünftig reale Chancen für neue Wertschöpfung –, wird im weiteren Verlauf des Buchs konkret darauf eingegangen.

Die bisher bekanntesten Anwendungen, die zwar alle noch nicht die Anforderungen an das Metaverse nach der Definition erfüllen, jedoch bereits einige Aspekte abdecken, sind zum Beispiel: Decentraland oder Sandbox. Hier können Nutzer sich in virtuellen 3D-Welten untereinander austauschen, virtuelle Gegenstände und Grundstücke erwerben und dort eigene Angebote (kostenlos oder bezahlt) anbieten. Im Bereich der Spiele sind aktuell am ehesten Roblox, Fortnite und Minecraft zu nennen. Aber auch AR-Spiele wie Pokémon Go zeigen, dass in diesem Bereich schon heute ein hohes Interesse besteht und technologisch einiges machbar ist. Die Spiele sprechen unterschiedliche Interessen an, sind aber bereits auf eine massive gleichzeitige Nutzung von verteilten Spielern in Echtzeit ausgelegt. Meta hat mit Horizon Worlds bereits eine eigene Metaverse-Anwendung auf den Markt gebracht, die den sozialen Austausch der Nutzer in den Mittelpunkt stellt und zukünftig die Nachfolge von Facebook antreten soll. Auch Microsoft hat mit Mesh for Teams bereits eine Lösung im Einsatz, die den Austausch von Personen und deren Avataren über eine 3D-Anwendung unterstützt. Seit Neustem hat Microsoft hier auch zusätzlich KI-Dienste mit dem Microsoft Copilot eingebunden, um die Bedienung und Interaktion mit dem System noch einfacher zu gestalten.

Es zeigt sich, dass sich bereits heute schon viele 3D-basierte Anwendungen auf den Weg in Richtung Metaverse machen. Zukünftig wird durch die fortschreitende Technologisierung und die Weiterentwicklung der AR/VR-Technologie die Verbreitung des Metaverse weiter steigen. Weitere Wirtschaftsbereiche werden ins Metaverse wandern und vollkommen neue Produkte und Dienstleistungen werden sich dort ausbilden (Bitkom, 2022). Unternehmen sollten diese faszinierende Technologie auf jeden Fall weiter beobachten.

Literatur

Ball, Metthew (2020). The Metaverse: What It Is, Where to Find it, and Who Will Build It, https://www.matthewball.vc/all/themetaverse. (letzter Zugriff: 31.01.2024).

Ball (2), Matthew (2022). Das Metaverse – Und wie es alles revolutionieren wird. Vahlen, München.

Bitkom (2022), Wegweiser in das Metaverse – Technologische und rechtliche Grundlagen, geschäftliche Potenziale, gesellschaftliche Bedeutung, https://www.bitkom.org/sites/main/files/2022-07/220714_LF_Metaverse.pdf. (letzter Zugriff: 31.01.2024).

Bitkom 2 (2023), Wie wird das Industrial Metaverse zum Erfolgsfaktor für die deutsche Wirtschaft? – Acht-Punkte-Plan für das Industrial Metaverse, https://www.bitkom.org/sites/main/files/2023-09/bitkom-leitfaden-industrial-metaverse.pdf. (letzter Zugriff: 31.01.2024).

Cline, Ernest. (2011). Ready Player One. Crown Publishing Group.

Gibson, William. (1984). *Neuromancer*. Penguin Putnam.

Microsoft (2021). Microsoft erklärt: Was ist Microsoft Mesh? Definition & Funktionen. https://news.microsoft.com/de-de/microsoft-erklaert-was-ist-microsoft-mesh/. (letzter Zugriff: 31.01.2024).

Stephenson, Neal. (1992). Snow Crash. Bantam Books.

Süddeutsche (2021). Michael Moorstedt. https://www.sueddeutsche.de/kultur/metaverse-netzkolumne-facebook-1.5369797 (letztre Zugriff: 31.01.2024).

3
Warum wir noch nicht im Metaverse sind

Nachdem in den letzten Kapiteln erläutert wurde, was das Metaverse ausmacht, wie es zusammengesetzt ist und auf welchen Technologien es aufbaut, wird in diesem Kapitel erklärt, warum das Metaverse in seiner vollen Ausprägung noch nicht verfügbar ist und warum dies wahrscheinlich auch noch viele Jahre dauern wird.

- **Hard- und Software:**
  Wie bei allen neuen Technologien durchläuft das Metaverse auch einen entsprechenden Entwicklungszyklus, bei dem die Produkte in jeder Iteration besser werden. Zum Beispiel sind heute bereits alle modernen Mobilfunkgeräte und Tablets in der Lage, AR-Anwendungen verzögerungsfrei zu berechnen und darzustellen. Je stärker die verbaute Hardware ist, desto aufwändiger und komplexer können die AR-Anwendungen werden. Auch im Bereich der AR-/VR-/MR-Brillen steigt die Performance mit jeder neuen Generation. Trotzdem wird es noch einige Jahre dauern, bis die Brillen einen noch kleineren Formfaktor angenommen haben, lange Laufzeiten (mit entsprechenden Batterien) bieten und ohne große Latenzen auch grafisch aufwendige Anwendungen darstellen können. Im Bereich der Soft-

ware gibt es zwei wichtige Aspekte zu beachten: 1. Die Software, die benötigt wird, um Metaverse-Erlebnisse zu entwickeln und 2. die eigentlichen Anwendungen, die zum einen im Hintergrund auf den Servern laufen und zum anderen auf den mobilen Endgeräten und Brillen ablaufen. Auch hier zeigt sich, dass die Applikationen jedes Jahr besser und performanter werden. Da gleichzeitig auch die Hardware immer leistungsfähiger wird, können aufwendigere Berechnungen und kürzeren Zeiträumen durchgeführt werden. Somit bedingen sich Hard- und Software gegenseitig. Es wird aber noch einige Jahre und viele Entwicklungsstufen brauchen, bis Hard- und Software den gewünschten hohen Ansprüchen genügen wird. In der Zwischenzeit wird auch der Preis der Systeme kontinuierlich fallen. Diese Kombination wird über die Zeit für eine stark steigende Verbreitung der Systeme sorgen.

- **Standards:**
Das große und wichtige Thema Standards beschäftigt aktuell sehr viele Unternehmen und Vereinigungen im Bereich des Metaverse. Aktuell blicken wir auf eine zerklüftete Landschaft aus einzelnen und eigenständigen Anwendungen, die von unterschiedlichsten Unternehmen meist mit kommerziellen Absichten betrieben und weiterentwickelt werden. Der Vision des Metaverse folgend, müssten diese zukünftig miteinander über standardisierte Schnittstellen verbunden werden. Somit müsste es zum Beispiel möglich sein, in Anwendung A einen virtuellen Avatar zu erstellen und diesen ohne Probleme, Barrieren und Kosten mit in Anwendung B zu übernehmen. Weiterhin müsste es auch zentrale Zahlungskomponenten geben und auch die Verwaltung und Sicherung von virtuellen Identitäten müsste zentralisiert oder zumindest über Schnittstellen und unter Einhaltung gemeinsam verabschiedeter Standards und Richtlinien möglich sein. Hiervon sind wir aus diversen Gründen noch weit entfernt, da viele Anbieter aus kommerzieller Sicht gar kein Interesse an einer Öffnung ihrer Systeme haben. Wie sich dies zukünftig weiterentwickelt, ist noch nicht absehbar. Ein weiterer Bereich, der noch nach Standards sucht, ist der Bereich der Software-Hersteller für die Erstellung von 3D-/Metaverse-Erlebnissen. Hier gibt es zurzeit unterschiedliche Programmiersprachen, 3D-Formate und Laufzeitumgebungen, die

zusätzlich auch noch abhängig vom jeweiligen Endgerät sind (zum Beispiel Android vs. Apple). Es haben sich zum Thema Metaverse-Standards bereits große Unternehmen zusammengeschlossen. Sie versuchen allgemeingültige Schnittstellen, Voraussetzungen und weitere Anforderungen (zum Beispiel im Bereich Datenschutz und Identitätsverwaltung) zu definieren. Der aktuell größte Zusammenschluss dieser Art ist das „Metaverse Standards Forum" (Metaverse-Standards 2024). Hier sind unter anderem Industriegrößen wie Sony, Samsung, Microsoft, Siemens, Telekom und viele weitere Unternehmen und Organisationen involviert. Ob und wann sich weitere oder gegebenenfalls alle Anbieter einer solchen Allianz anschließen werden, ist zurzeit noch unklar. Somit bleibt die Vision eines einheitlichen Metaverse noch vollkommen offen.

- **Rechenleistung:**
3D-Anwendungen benötigten schon immer besonders viel Rechenleistung. So steigen mit jedem Jahr und jedem neuen Spiel die Anforderungen an die CPUs und vor allem an die Grafikkarten. Das Gleiche gilt auch für das Metaverse. Je besser die Grafik wird, desto mehr Rechenleistung wird auf den Endgeräten benötigt. Das ist aber nur die eine Seite der Gleichung. Auf der anderen Seite stehen nämlich die zentralen Server und Infrastrukturen, die für den Betrieb des Metaverse benötigt werden. Wenn das Mateverse einmal der bisherigen Definition einer beliebig offenen, persistenten 3D-Welt entsprechen soll, die potenziell jeden Menschen der Welt in Echtzeit miteinander verbinden soll und zusätzlich noch multimedialen Datenaustausch ermöglicht, kann man sich leicht vorstellen, dass hierfür unglaubliche Rechen- und Speicherkapazitäten benötigt werden. Weiterhin müssen auch die Netzwerke eine entsprechend hohe Bandbreite und eine sehr niedrige Latenz aufweisen. Die bisherigen verteilten AR-/VR-Anwendungen bringen die aktuellen Systeme schon oft an ihre Grenzen. Somit ist hier in den nächsten Jahren nicht mit einer ganzheitlichen Lösung zu rechnen und es bleiben viele notwendige Entwicklungen offen.

- **Grafik:**
Da zum einen die Rechenleistung der Endgeräte für viele grafisch sehr anspruchsvolle 3D-Anwendungen noch nicht ausreichend ist

und zum anderen die zentralen Server und Netzwerke oft überlastet sind, wenn viele Leute gleichzeitig eingewählt sind, ist die Grafik der aktuellen Metaverse-Anwendungen weit weg von den Erwartungen vieler Nutzer. Sie sind heutzutage aufwendige, hochauflösende 3D-Anwendungen und Spiele vom PC oder den aktuellen Spielekonsolen gewöhnt und übertragen diese Ansprüche natürlich auf das Metaverse. Aktuelle Metaverse-Erlebnisse haben oft nur sehr einfache Grafiken und wirken damit oft noch sehr kindlich. Auch sind Spieler seit langem sehr aufwendige Avatare und Animationen von Menschen und weiteren Figuren gewohnt. Dies können viele aktuelle Anwendungen auch noch nicht bieten. Beispielsweise war eine der „größten" Neuerungen der Online-Plattform von Meta, dass die Avatare jetzt endlich Beine erhalten. Diese groß von Marc Zuckerberg auf einer Konferenz angekündigte Neuheit sorgte natürlich für viel Spott und Häme. Das Beispiel zeigt aber deutlich, dass in diesem Bereich noch ein langer Weg zu gehen ist. Es klafft eine große Lücke zwischen den Ansprüchen der Anwender und der real gelieferten Leistung. Dies sorgt oft für Unverständnis und Ablehnung den neuen Systemen gegenüber, da die Erwartungen an die Anwendungen in der Realität meist nicht erfüllt werden und dies auch auf absehbare Zeit nicht der Fall sein wird. Auch hier ist noch ein langer Weg zu gehen und viele Entwicklungen müssen in den nächsten Jahren weitergetrieben werden, um die Lücke zwischen Erwartung und Realität weiter zu schließen.

- **Avatare:**
Avatare spielen eine zentrale Rolle im Metaverse, da sie die grafische Repräsentation der Nutzer darstellen und sie untrennbar mit ihren Rollen, Rechten, Nutzerkonten, Guthaben und vielen weiteren persönlichen Daten verknüpft sind. Nutzer haben dabei vollkommen unterschiedliche Ansprüche an ihren Avatar. Möglicherweise möchten sie für unterschiedliche Zwecke unterschiedliche Avatare nutzen. Allein schon aus Datenschutzaspekten. Somit reicht die Bandbreite an möglichen Avataren von niedlich animierten Comic-Gestalten, über fantasievolle Monster bis hin zu fotorealistischen Darstellungen des Nutzers. Aktuell findet man in diversen Anwendungen unterschiedlichste Umsetzungs- und Konfigurationsmöglichkeiten für den

eigenen Avatar. Leider sind die Avatare aktuell noch an die jeweilige Anwendung gebunden und können nicht mit ihren jeweiligen Eigenschaften in eine andere Anwendung mitgenommen werden. Somit ist hier ein zentraler Aspekt des Metaverse noch nicht umgesetzt. Dies ist für viele Anwender sehr ärgerlich, da sie viel Zeit und teilweise auch Geld in die Ausgestaltung ihres Avatars verwenden und ihn gerne überall nutzen möchten. Auch die Kommunikation zwischen unterschiedlichen Avataren ist in den aktuellen Anwendungen vollkommen unterschiedlich gelöst. Die Möglichkeiten reichen von klassischem textbasiertem Austausch über einfache Sprache bis hin zu automatisch per KI generierten Übersetzungen sowie verzerrten und verfremdeten Stimmen. Ein weiteres Phänomen, welches in dem Bereich der Avatare auftritt, wird als „Uncanny Vally" (zu Deutsch: unheimliches Tal oder besser „Akzeptanzlücke") bezeichnet. Dabei handelt es sich um die Beobachtung, dass die menschliche Akzeptanz von nichtmenschlichen Wesen oder Dingen mit zunehmender „Vermenschlichung" und einem steigenden Realismus ansteigt, dann aber rapide absinkt, je näher die Darstellung an die Realität kommt, diese aber nicht ganz erreicht. Das Phänomen wird zurzeit noch aktiv weiter untersucht. Es hat aber starke emotionale Auswirkungen auf die Reaktionen von Menschen auf Avatare im Metaverse und digitale Charaktere in digitalen Erlebnissen. Dabei reicht es schon aus, wenn durch eine Verzögerung im Netzwerk bei einer Unterhaltung im Metaverse die Lippen nicht komplett synchron zum gesprochenen Wort bewegt werden, um ein Gefühl von Unwohlsein auszulösen. Darum verzichten aktuell noch viele Anwendungen darauf, möglichst fotorealistische Avatare anzubieten. Es gibt hier noch viel zu forschen und zu optimieren. Bis dahin ist es teilweise besser „unrealistische" Avatare einzusetzen.

- **Latenz:**
Ein weiteres, technisches Thema ist das der Latenz. Damit ist die Verzögerung zwischen einem auslösenden Ereignis und einer entsprechenden Reaktion gemeint. Diese Reaktion ist von vielen Parametern abhängig. Die wichtigsten sind aber sicherlich der Netzwerkdurchsatz zwischen dem Anwender und den zentralen Servern der jeweiligen Anwendung und die aktuelle Last auf den Systemen. Ist

die Last der Systeme zu hoch, verzögern sich Antworten und wenn dann auch noch Verzögerungen bei der Netzwerkübertragung auftreten, kann es zu Verständigungsproblemen bei der Übertragung von Sprache kommen, Animationen können ungleichmäßig wirken und Gegenstände können unkontrolliert durch den 3D-Raum hüpfen. All dies reduziert das Immersionserlebnis und hat eine negative Auswirkung auf die wahrgenommene Qualität der Umgebung. Lösungen sind hier auf unterschiedlichen Ebenen zu finden. Zum einen werden die Anwendungen immer performanter und die Endgeräte sowie die Systeme im Backend werden immer leistungsfähiger. Zum anderen wird der weltweite Breitbandnetzwerkausbau schnell vorangetrieben und neue Mobilfunkstandards wie 5G und das bereits absehbare 6G werden zusätzliche Treiber sein, die die Erlebnisse im Metaverse stark verbessern werden. Doch auch hier benötigt der Ausbau Zeit.

- **Zahlungen:**

  Das Metaverse soll eine offene Plattform sein, die wirtschaftliches Handeln, arbeiten und den (kommerziellen) Austausch von virtuellen (und möglicherweise sogar physischen Gütern) ermöglicht. Dafür werden verlässliche und sichere Zahlungssysteme benötigt. Aktuell wird in diesem Bereich viel über Crypto-Währungen und NFTs diskutiert, doch eine einheitliche und anwendungsübergreifende Lösung ist noch lange nicht absehbar. Vielmehr versuchen sich aktuelle Anbieter mit ihren eigenen Zahlungssystemen so zu platzieren, dass möglichst viele Transaktionen innerhalb ihrer Lösung stattfinden, um an den Käufen finanziell zu partizipieren. Zukünftig werden sich in diesem Bereich sicher noch viele neue Anbieter platzieren, die notwendige Finanzdienstleistungen im Metaverse anbieten werden. Fragen zur Versteuerung von virtuellen Transaktionen und der Unterbindung von illegalen Geschäften inklusive der Geldwäsche sind hier jedoch noch weitestgehend offen. Somit sind auch in diesem, sicherlich sehr zentralen Bereich, noch viele Fragen zu klären. Da hier aber Anbieter, Nutzer und potenziell alle Länder der Welt eine Regelung schaffen müssen, ist diese auf absehbare Zeit noch nicht in Sicht.

- **Datenschutz:**

  Ein weiterer zentraler Aspekt ist der Datenschutz. Da es sich per Definition beim Metaverse um eine weltweite digitale Plattform handelt, die Anbieter und Nutzer aus unterschiedlichsten Ländern der Welt vereinigt, könnten die Anforderungen und Voraussetzungen der verschiedenen Parteien nicht unterschiedlicher sein. Die Anbieter der Dienste wollen möglichst viele Daten sammeln und verwerten, wohingegen die Nutzer einen größtmöglichen Schutz ihrer Daten erwarten. Es muss geklärt werden, wer welche Daten wo, wie lange und zu welchen Zwecken speichert und nutzt. Somit wäre eine Art globale AGB für das Metaverse wünschenswert. Da sich unter dieser Regelung alle Diensteanbieter versammeln müssten und jegliche Sonderfälle abgedeckt werden müssten, ist dies eine fast unmögliche Aufgabe. Auch hier zeigt der aktuelle Stand der Diskussionen im Bereich der sozialen Medien und Online-Plattformen, dass es äußerst komplex und vielschichtig ist, zu einer für alle Seiten akzeptablen Lösung zu gelangen. Da im Bereich des Metaverse durch den Einsatz von virtuellen Identitäten und der in vielen Teilen kommerziellen Nutzung des Systems noch viel höhere Anforderungen an einen ganzheitlichen Datenschutz gestellt werden, ist eine zufriedenstellende Lösung noch lange nicht absehbar.

- **Rechtliche Fragen:**
Grundsätzlich stellen sich im Metaverse viele rechtliche Fragen, die alle noch ungeklärt sind. Wer kontrolliert das Metaverse (Unternehmen vs. staatliche Stellen)? Wie wird mit dem Thema Steuern umgegangen? Wer kann/darf/sollte welches Recht überwachen und vor allem auch durchsetzen können? Dies sind nur ein paar einfache zu stellende Fragen, deren Beantwortung jedoch äußerst komplex ist und an dieser Stelle nicht weiter vertieft werden kann. Es sollte nur klar sein, dass hier noch viel zu klären ist und dies nicht in den nächsten Jahren erledigt sein wird.
- **Moderation:**
Eine weitere, bisher vollkommen offene Frage ist: Wie werden die gesamten Inhalte des Metaverse moderiert? Hier darf kein rechtsfreier Raum entstehen, der die Verbreitung von potenziell illegalen Inhalten ermöglicht. Die aktuellen Diskussionen über die (automatische) Moderation von Inhalten der sozialen Medien (zum Beispiel auf Facebook oder X, ehemals Twitter) zeigt, wie schwierig dies ist und wie komplex die Umsetzung unterschiedlicher, grenzübergreifender

rechtlicher Vorgaben ist. Eine einheitliche und für alle Teilnehmer zufriedenstellende Lösung zeichnet sich in diesem Bereich noch lange nicht ab und es bleibt abzuwarten, ob dieses Thema jemals abschließend geklärt, definiert und umgesetzt werden kann.

Literatur

Metaverse-Standards, https://metaverse-standards.org/, 2024 (letzter Zugriff: 31.01.2024).

Statista, https://de.statista.com/outlook/amo/metaverse/weltweit, 2022 (letzter Zugriff: 31.01.2024).

Statista 2, https://de.statista.com/themen/10301/metaverse/#dossier-chapter2, 2023 (letzter Zugriff: 31.01.2024).

4
Warum es sich trotzdem lohnt, sich schon heute mit dem Metaverse auseinandersetzen

In den vorangehenden Kapiteln wurde beschrieben, was das Metaverse ist, wie es aufgebaut ist und warum wir heute und in naher Zukunft noch nicht vollständig im Metaverse angekommen sind. Trotzdem sind wir auf dem Weg und die Geschwindigkeit der Entwicklungen nimmt von Jahr zu Jahr zu. Es ist also keine Frage des „ob", sondern nur noch eine Frage des „wann". Somit sollten sich Unternehmen bereits jetzt kritisch mit dem Metaverse auseinandersetzen und prüfen, in welchen Bereichen mögliche Mehrwerte liegen könnten.

Aktuell schreiten die Entwicklungen in den Bereichen AR-/VR-/MR-Brillen rasant voran und Unternehmen wie Meta, HTC und Microsoft investieren viel Geld in neue Technologie und Anwendungen. Mit Apple betritt zudem ein weiterer sehr ernstzunehmender Anbieter den Markt. Dadurch werden die Geräte mit jeder Generation kleiner, leichter, leistungsfähiger und günstiger. Gleichzeitig wächst das Ökosystem an Hard- und Software-Unternehmen, die spezielle Systeme für den Bereich Metaverse entwickeln. Hierzu zählen zum Beispiel haptische Handschuhe zu Steuerung von 3D-Erlebnissen, druckempfindliche Ganzkörperanzüge und sogar Systeme, die passend zur Anwendung den richtigen Geruch versprühen. Gleichzeitig werden Systeme entwickelt, die ein natürliches Laufen auf Bewegungen in den virtuellen Welten übertragen. All das steigert die Immersion und ein immer tieferes Abtauchen in die Parallelwelten wird möglich.

Auch der rasante Ausbau der weltweiten Netzwerke im Glasfaserbereich sowie die schnell voranschreitende Optimierung von bandbreitenstarken Funknetzwerken (z. B. 5G und 6G) werden die Nutzung des Metaverse weiter beschleunigen.

Gleichzeitig wird die Software immer leistungsstärker und einfacher zu bedienen. Somit wird das Entwickeln von Metaverse-Anwendungen und -Erlebnissen in Zukunft einer immer breiteren Masse möglich sein. Mittelfristig wird sich ein ganzes Wirtschaftssystem rund um die Erstellung von 3D-Avataren, Ausrüstungsgegenständen, Gebäuden und ganzen Anwendungen bilden. Dann werden viele kleine Unternehmen oder sogar Einzelpersonen in den Markt rund um das Metaverse einsteigen und ein reger Handel von virtuellen Gütern wird der Alltag sein. Erste Entwicklungen in diese Richtung sind bereits heute zu beobachten; sie beziehen sich aber aktuell noch auf einzelne Plattformen. Zukünftig wird durch die zunehmende Verknüpfung von Systemen und Anwendungen ein starker Anstieg erwartet. Dadurch wird die Verbreitung des Metaverse weiter gefördert.

Das Marktforschungsinstitut Statista sagt in einer aktuellen Prognose bereits für das Jahr 2024 ein Marktvolumen von 68 Mrd. EUR voraus. Das bedeutet eine Steigerung von über 30 % zum Vorjahr (Statista 2023). Es wird sogar erwartet, dass der weltweite Markt bis 2030 auf ein Volumen von fast 466 Mrd. EUR anwächst. Gleichzeitig sollen die Nutzerzahlen im gleichen Zeitraum auf 2,6 Mrd. anwachsen. Der gesamte Markt rund um das Metaverse entwickelt sich aktuell rasant. Statista sagt bereits für das Jahr 2026 einen weltweiten Umsatz vom 28.8 Mrd. Dollar voraus. Im Jahr 2027 soll die Marke von 30 Mio. verkauften AR/VR-Brillen durchbrochen werden. Dabei soll ein rechnerischer Umsatz pro Nutzer von durchschnittlich fast 73 € erzielt werden (Statista 2 2023). Es entwickelt sich also gerade ein äußerst lukrativer, weltumspannender Markt, der viel Potenzial für Hard- und Software-Anbieter sowie Entwickler von 3D-Erlebnissen und Objekten bietet.

Laut einer Studie von McKinsey wird das Metaverse am häufigsten für die folgenden Aktivitäten genutzt (McKinsey 2022):

- Einkaufen physischer oder virtueller Waren: 79 %
- Teilnahme an virtuellen Veranstaltungen und Spielen: 78 %
- Fitness und VR-Übungen: 76 %
- Dating: 73 %
- Bildung, Unterricht, Lehrveranstaltungen: 72 %

Einer Studie von Deloitte zur Nutzung von Metaverse-Anwendungen nach steht der virtuelle soziale Austausch aktuell an erster Stelle. Ihre Untersuchung listet weiterhin folgende Nutzungen und deren Häufigkeiten (Deloitte 2022):

- virtuelle Treffen mit Freunden: 30 %
- virtuelle Reisen: 26 %
- virtuelles Shopping (virtuelle oder reale Produkte): 25 %
- virtuelle Messen/Ausstellungen: 21 %
- virtuelle Konferenzen mit Arbeitskollegen: 17 %
- virtueller Besuch realer Sportevents: 16 %
- virtuelle Produktpräsentationen, Modenschauen: 15 %
- virtuelles Coaching: 15 %

Wo die Reise genau hinführen wird, kann aktuell noch niemand mit Gewissheit sagen. Namenhafte Studien und die ungebremsten Investitionen der großen Hersteller in diesem Bereich deuten aber einen zeitnahen Durchbruch der Technologie auf breiter Front an. Ob wir zukünftig noch vom Metaverse sprechen werden, oder ob sich ein komplett neue Begriffe für immersive, 3D-gestützte Interaktionen über das Web 3 bilden werden, kann auch noch nicht mit Sicherheit gesagt werden. In dem Buch Ready Player One von Ernest Cline heißt das entsprechende System beispielsweise „Oasis" (Cline 2021). Aktuell wird auch der Begriff Hyperrealität stark diskutiert. Gleichzeitig versuchen neben Meta auch andere große Unternehmen die Deutungshoheit in diesem Bereich für sich zu beanspruchen. So beschreibt die Firma NVIDIA ihren eigenen Ansatz des Metaverse als „Omniverse" (NVIDIA, 2024). Es bleibt also abzuwarten, welcher Begriff sich endgültig durchsetzen wird. Das dahinterliegende Konzept ist jedoch schon hinreichend genau bekannt und beschrieben.

Unternehmen sollten das Metaverse und seine Auswirkungen auf die unterschiedlichsten Lebens- und Unternehmensbereiche nicht unterschätzen. Es wäre möglich, dass dadurch enormes Potenzial nicht genutzt wird. Auch, wenn wir aktuell noch nicht komplett im Metaverse sind, strebt alles in diese Richtung. Somit sollten Unternehmen das Thema regelmäßig untersuchen, den aktuellen Status erheben und die Auswirkungen auf die eigene Branche und die eigene Firma bewerten. Hierzu sollte ein regelmäßiger Prozess aufgesetzt werden, der (zum Beispiel einmal im Quartal oder einmal pro Halbjahr) die aktuelle Marktlage erfasst, bewertet und daraus entsprechende Handlungsempfehlungen in Form einer Entscheidungsvorlage für das Management entwickelt. Auch, wenn in den ersten Berichten kein aktueller Handlungsbedarf empfohlen wird, wird der Zeitpunkt kommen, bei dem Sie proaktiv in den Bereich Metaverse einsteigen sollten. Darauf sollten Sie vorbereitet sein.

Es empfiehlt sich, diesen Prozess im Rahmen der regelmäßigen Marktanalysen in Ihrem Business Development anzusiedeln (Kohne 2022). Ziel sollte hier sein, einen konkreten Überblick über den für Sie relevanten Markt mit den aktuellen Technologien und sich angrenzende Bereiche zu haben. Daraus können Sie aktiv Ihre nächsten Entwicklungsschritte ableiten. Sie sollten dabei schwelende Entscheidungsprozesse unbedingt vermeiden. Damit sind Prozesse gemeint, bei denen zum Beispiel aktuelle Technologien (hier konkret das Metaverse) diskutiert, aber keine konkreten Entscheidungen zum Umgang mit der Technologie im Unternehmen getroffen werden. Dies bindet unnötig Ressourcen und verlangsamt dadurch andere, wichtigere Entwicklungen in Ihrem Unternehmen. Konzentrieren Sie sich auf die Frage: *Ignorieren oder investieren?* Dazu sollten jegliche Themen zeitnah zu einem der drei folgenden Entschlüsse geführt werden:

1. Die Technologie ist (hochrelevant) für das gegebene Unternehmen. Somit muss hier sofort ein entsprechendes Projekt aufgesetzt und passende Ressourcen müssen allokiert werden.
2. Die Technologie ist nicht relevant für das Unternehmen. Somit müssen jegliche weiteren Untersuchungen und mögliche Investitionen sofort gestoppt werden.

3. Die Technologie ist noch nicht relevant für das Unternehmen, könnte es aber in der Zukunft werden. In diesem Fall sind alle aktuellen Untersuchungen und mögliche Investitionen vorerst zu stoppen. Gleichzeitig wird eine erneute Bewertung des Themas festgeschrieben. Hier sollte ein fester Zeitpunkt bestimmt werden, um Klarheit für alle zu schaffen.

Durch das hier beschriebene Vorgehen stellen Sie sicher, dass Sie den für Sie richtigen Zeitpunkt für den Einstieg in das Thema Metaverse nicht verpassen und gleichzeitig auf dem Weg dorthin nicht dringend benötigte Ressourcen verschwendet werden.

Aus unternehmerischer Sicht ergeben sich zukünftig die größten Chancen und Möglichkeiten beim Einsatz des Metaverse vor allem in den Bereichen Marketing und Vertrieb. Hier kann und muss völlig neu gedacht werden, um auch in der Zukunft eine kundenrelevante Kommunikation zu ermöglichen. Darum wird im weiteren Verlauf des Buches der Fokus auf diese Bereiche gelegt.

Literatur

Cline, Ernest. Ready Player One, S. Fischer Verlage, Frankfurt am Main, 2021.

Deloitte, https://www2.deloitte.com/content/dam/Deloitte/de/Documents/technology-media-telecommunications/TMT_Media_Consumer_Survey-2022-Metaverse.pdf, 2022 (letzter Zugriff: 31.01.2024).

Kohne, Andreas, 2022, Business Development – Prozesse, Methoden und Werkzeuge, 3. Auflage, Springer Vieweg, Wiesbaden.

McKinsey, https://www.mckinsey.com/~/media/mckinsey/business%20functions/marketing%20and%20sales/our%20insights/value%20creation%20in%20the%20metaverse/Value-creation-in-the-metaverse.pdf, 2022 (letzter Zugriff: 31.01.2024).

NVIDIA, https://www.nvidia.com/de-de/omniverse/, 2024, (letzter Zugriff: 31.01.2024).

Statista, 2023 https://de.statista.com/outlook/amo/metaverse/weltweit.

Statista 2, 2023 https://de.statista.com/themen/10301/metaverse/#dossierchapter1.

5

Auswirkungen des Metaverse auf Sales und Marketing

Seit der Existenz des E-Commerce hat die exponentielle Entwicklung von Technologie die Art und Weise, wie wir Waren und Dienstleistungen konsumieren, revolutioniert. Leistungsstarke Computer, schnelles Internet, mobile Geräte, Social Media und datengetriebenes Marketing haben den Konsumprozess radikal verändert. Und jetzt, im Zeitalter des Metaverse, öffnet sich eine neue Dimension der Personalisierung und Interaktion, die unser Einkaufsverhalten erneut transformiert. Das Metaverse: Ein geschätztes Marktvolumen zwischen 500 Mrd. (Statista 2023) und 5 Billionen US-Dollar (McKinsey 2022) im Jahr 2030 lassen die Sales- und Marketingabteilungen aufhorchen. In diesem Kapitel beantworten wir die Frage: Welche Auswirkungen hat das Metaverse schon heute für den Vertrieb und für das Marketing?

5.1 Veränderung des Kundenverhaltens

Am 12. August 1994 erschien in der New York Times ein Beitrag mit dem Titel „Attention Shoppers: Internet is Open" (Lewis 1994, S. 1). Der Autor berichtete über den Onlineverkauf einer Sting-CD auf

NetMarket.com, der „die offenbar erste Einzelhandelstransaktion im Internet" (Lewis 1994) per Kreditkarte gewesen sein soll. Seitdem hat sich der Onlinehandel mit einer atemberaubenden Geschwindigkeit weiterentwickelt – und die Art und Wiese revolutioniert, wie wir Waren und Dienstleistungen erleben und konsumieren. Grund dafür ist der unaufhaltsame technologische Fortschritt:

Computer mit zunehmender Rechenleistung verarbeiten anspruchsvolle Software besser, geben hochauflösende Videos reibungslos wieder – und erleichtern die Interaktion mit aufwendigen Websites, Spielen und Apps. Seit 2010 wurden auch mobile Endgeräte immer leistungsstärker und der Onlinehandel bekam durch Mobile Commerce einen weiteren Wachstumsschub. Social-Media-Plattformen wie LinkedIn, TikTok, Instagram oder YouTube haben Sales und Marketing transformiert. Influencer-Marketing nutzt die Reichweite und Glaubwürdigkeit von Social-Media-Persönlichkeiten, um Produkte zu bewerben – und beeinflusst so das Kaufverhalten der Verbraucher. Und fortschrittliche Datenanalysetechnologien ermöglichen es Unternehmen, das Verhalten und die Vorlieben der Kunden zu verstehen: Personalisierte Erlebnisse in Form von Produktempfehlungen, individuellen Angeboten oder individualisiertem Content gehören heute zum Standard im Online-Marketing.

High-Speed-Internet macht es möglich: Die Streaming-Plattform Netflix, der Video-Call-Anbieter Zoom oder das meistverkaufte Videospiel der Welt, Minecraft (Stand: Oktober 2023), wären ohne eine zunehmend schnellere Datenübertragung nicht möglich. Die Verbreitung von On-Demand-Diensten wie Uber, Amazon Prime, Kickstarter, Delivery Hero oder Spotify hat den Konsum von Unterhaltung, Transport und Lebensmittel-Bestellung disruptiert. Kunden können Dienstleistungen in Echtzeit abrufen, ihre Präferenzen angeben und personalisierte Erlebnisse genießen. Die Entertainment-Branche bietet Zugang zu einer Vielzahl an Inhalten, von Musik über Filme bis hin zu Videospielen oder Onlinekursen. Der Aufstieg von Virtual Reality (VR) und Augmented Reality (AR) verändert die Art, wie wir Spiele, Unterhaltung und Bildung erleben, in einer nie dagewesen Weise.

All diese Entwicklungen machen auch nicht vor der B2B-Branche halt: Siemens kündigte im Sommer 2023 an, 500 Mio. EUR in einen neuen Technologiecampus zu investieren, in dem ein industrielles Metaverse aufgebaut werden soll – fotorealistisch, physikbasiert und in Echtzeit (Hill 2023). Laut Gartner-Report „Future of Sales" (2022) bevorzugen 83 % der B2B-Einkäufer die Bestellung oder Bezahlung über den Onlineweg. Gartner prognostiziert, dass bis 2025 um die 80 % der B2B-Verkäufe über digitale Kanäle abgewickelt werden. Und die Umfrage „Optimizing SMB Payments" (2021) von American Express und dem Medienunternehmen PYMNTS kommt zum Ergebnis: 74 % der Millennial-B2B-Einkäufer wechseln den Anbieter, um ein besseres, verbraucherfreundliches Erlebnis zu erhalten. Diese Zahlen zeigen: Auch Geschäftskunden legen zunehmend Wert auf eine hohe Nutzerfreundlichkeit (Usability) und ein hohes Nutzererlebnis (User Experience, kurz: UX) von Apps oder Online-Anwendungen – sowie auf ein einwandfreies und außergewöhnliches Kundenerlebnis (Customer Experience, kurz: CX). In einer zunehmend digitalen Welt werden die Erwartungen der Kunden immer anspruchsvoller. Schnelligkeit, personalisierte Angebote und innovative Tools bestimmen heute das Maß der Kundenzufriedenheit im B2C- und B2B-Bereich.

Diese Erwartungshaltung wird nicht mehr abnehmen – sondern parallel mit den technischen Möglichkeiten steigen. Hier beißt sich die Katze in den Schwanz: Menschen gewöhnen sich an die Technik – und erwarten von Anbieter-Unternehmen, dass sie ebenfalls am technischen Zahn der Zeit sind. Zeit ist ohnehin in der heutigen schnelllebigen Gesellschaft eine wertvolle Ressource. Kunden erwarten nicht mehr nur schnellen Service, sondern verlangen nach sofortiger Befriedigung ihrer Bedürfnisse (Sofortness). Ist das nicht der Fall, wandern sie zur Konkurrenz. Unternehmen sollten diesen Anforderungen nachkommen und ihren Kunden eine außergewöhnliche digitale Echtzeit-Interaktion mit dem Produkt bieten.

Die Idee des Metaverse macht das möglich, da es über herkömmliche Einkaufserlebnisse hinausgeht. Wie? Indem es Realität und Virtualität miteinander verschmilzt: Kunden können in virtuellen Geschäften einkaufen, Digitale Zwillinge (oder Meta Twins) von Produkten ausprobieren und sich von digitalen und KI-basierten Assistenten beraten lassen – oder von in der virtuellen Welt remote zugeschalteten Verkaufsberatern. Die soziale Interaktion im Metaverse ermöglicht es, sich mit Gleichgesinnten auszutauschen und Empfehlungen zu erhalten, als wären sie physisch vor Ort. Somit können Kunden ein umfassendes Einkaufserlebnis genießen, das sowohl praktisch als auch unterhaltsam und emotional ist.

Durch den Einsatz von AR erleben wir Produkte heute auf eine andere Weise. Beispielsweise ermöglichen Tools wie der IKEA Planner den Kunden, Möbel virtuell in ihren eigenen Räumen zu platzieren, bevor sie einen Kauf tätigen. Auch Mercedes Benz setzt bereits AR und VR ein, um seine Autos zu verkaufen: Kunden können mithilfe einer VR-Brille in einem virtuellen Showroom ihr Wunschauto konfigurieren, während ein Verkäufer sie bei Bedarf in dieser digitalen Welt unterstützt. Das ist Metaverse par Excellence! AR-Tools bieten eine immersive Erfahrung, bei der Kunden Produkte vor dem Kauf realitätsnah testen können, um unangenehme Überraschungen zu vermeiden. Kunden können sich bereits vor dem Kauf versichern, dass das Produkt ihren Anforderungen entspricht. Egal ob es um Kleidung, Möbel, Elektronik, Fahrzeuge oder sogar ganze Häuser geht: Im Metaverse kann alles zunächst digital getestet, vorkonfiguriert und erlebt werden.

Sowohl für B2C als auch für B2B gilt: Kaufentscheidungen werden aufgrund von Emotionen getroffen. Und je positiver die Customer Experience, desto positiver die Emotionen – und desto größer die Wahrscheinlichkeit, dass ein Kunde kauft. Das Metaverse wird das Einkaufserlebnis immer weiter individualisieren, unsere Kaufentscheidungen positiv beeinflussen – und unser Einkaufsverhalten revolutionieren. Der McKinsey-Report „Value creation in the metaverse" (2022) schätzt das Marktvolumen für das Metaverse im Jahr 2030 auf beeindruckende fünf Billionen, während Statista (2023) es auf knapp 500 Mrd. US$ beziffert.

5.2 MetaSales: Neue Vertriebskanäle und Marketingmöglichkeiten

Steigende Kundenanforderungen stellen aber nicht nur eine Herausforderung dar. Richtig angewandt, bieten die neuen Technologien für Marketing und Vertrieb eine ganz neue Spielwiese, um Kunden zu begeistern, den Umsatz zu steigern und die eigene Marke zu stärken. Hyperpersonalisierung ist längst keine Zukunftsvision mehr, sondern bereits in vielen Branchen angewandte Realität. Vorreiter-Unternehmen haben verstanden: Die Kauferfahrung wird mit AR-Technologie zum aufregenden Erlebnisevent für Kunden. Das Metaverse öffnet den Zugang zu MetaSales – also zu einer Vielzahl innovativer und emotionsgeladener Vertriebs- und Interaktionskanäle: Virtuelle Veranstaltungsorte und immersive Showrooms machen Produkte und Dienstleistungen in einer ganz neuen Dimension erlebbar. Soziale VR-Plattformen und digitale Einkaufszentren schaffen eine einzigartige Interaktionsebene, auf der Kunden nicht nur einkaufen, sondern sich auch mit anderen Nutzern und angebotenen Produkten verbinden können – und zwar auf eine Weise, die in der physischen Welt nicht möglich wäre. Und auch kulturell sensibilisierte Avatare, virtuelle Influencer oder KI-basierte Sprachmodelle setzen neue Maßstäbe für die Kundeninteraktion im Metaverse und stärken die Markenwahrnehmung um ein Vielfaches.

5.2.1 Ein blühendes Servicegeschäft

Zum Beispiel bietet die fortschreitende Entwicklung von VR und AR neue Möglichkeiten im Up-Selling – und kann in manchen Bereichen sogar zum eigenständigen Geschäftsmodell aufsteigen. Nehmen wir den Maschinenbau: Ein Unternehmen in Brasilien erwirbt eine Maschine aus Deutschland. Bei Bedarf an Installation, Wartung oder Produktsupport ist es nicht mehr erforderlich, dass ein Techniker aus Deutschland vor Ort erscheint. Stattdessen kann der Techniker dem Kunden bei der Installation und Wartung der Maschinen mithilfe von AR-Brillen remote unterstützen: Der Kunde trägt eine AR-Datenbrille, wodurch der Techniker in Deutschland die Maschine virtuell sehen kann. Über seinen Computer kann der Techniker dem Kunden bestimmte Maschinenkomponenten kennzeichnen, die dann in der Datenbrille des Kunden farbig hervorgehoben werden. Dies schafft eine Verschmelzung von Realität und digitalen Elementen und verbessert die Kundeninteraktion. Kunden können, auch ohne umfassende technische Kenntnisse, die Wartung der Maschine eigenständig durchführen. Dieses Konzept wird als Remote Maintenance (Fernwartung) bezeichnet und kann als Up-Selling-Service angeboten werden. Ebenso bieten sich Remote Trainings (Fernschulungen) an, bei denen ein Experte Kunden weltweit in spezifischen technischen Belangen schulen kann. Ein erweiterter Geschäftszweig!

5.2.2 Schulungen und Trainings im virtuellen Raum

Immersive Technologien wie VR und AR bieten auch bei Schulungen und Trainings ein nie dagewesenes Erlebnis. Beispielsweise können sich Chirurgen mithilfe von Virtual Reality realitätsnah vollkommen risikofrei auf komplizierte Operationen und unterschiedliche Szenarien im OP-Saal vorbereiten. Auch Studenten können risikofrei praktizieren. Eine Studie der University of California Los Angeles berichtet, dass angehende Chirurgen die Ausbildung mithilfe von VR um 233 % positiver beurteilten als traditionelle Ausbildungsansätze (Blumstein et. Al. 2020). Weitere Beispiele sind:

Die Lufthansa Avation Training GmbH ist das Trainings- und Ausbildungszentrum der Lufthansa. 2019 führte das Unternehmen die sogenannten Virtual-Reality-Hubs in Frankfurt und München ein. Auf deren Website steht: „Seitdem absolvieren die rund 20.000 Lufthansa Flugbegleiter einen Teil ihrer jährlichen Ausbildung in einer virtuellen Flugzeugkabine. Die Teilnehmer erhalten eine VR-Brille, die sie in eine realistische Trainingssituation eintauchen lässt. Ein virtueller Assistent führt sie durch den Kurs. Auf diese Weise können mehrere Schulungen parallel durchgeführt werden, ohne dass die Schulungsqualität darunter leidet." (Lufthansa 2024)

In der Praxis hat sich gezeigt, dass der schrittweise Einstieg in das Metaverse für Unternehmen besonders erfolgsversprechend ist. Ein weiteres Beispiel hierfür ist JetBlue, die in Zusammenarbeit mit dem Softwareentwickler Strivr ein VR-Training für Techniker eingeführt haben. Dieses innovative Training ersetzt kostspielige Schulungen an echten Flugzeugen und zeigt, wie VR-Technologien die betriebliche Ausbildung revolutionieren können. Dieser Ansatz, der als „Immersive Learning" bekannt ist, kombiniert das Gefühl der Präsenz von VR mit fortschrittlicher Lerntheorie, Datenwissenschaft und räumlichem Design, um das effektivste und ansprechendste Training zu schaffen.

Die britische Firma Rezzil bietet für Sportvereine und Hobbysportler virtuelle Trainingsprogramme an, mit denen die Sportler ihre Bewegungsabläufe analysieren – und ihre kognitiven Fähigkeiten, wie Reaktion z. B. noch besser trainieren können. Premier League Clubs wie Manchester City, Manchester United und FC Liverpool nutzen das Programm, ebenso wie die American-Football-Clubs Las Vegas Raiders und Atlanta Falcons. Der Manchester-United-Profi Marcus Rashford nutzte das VR-Training von Rezzil, um sich nach einer Verletzung ohne große Belastungen wieder schneller ans das Mannschaftstraining heranzutasten.

Die Schweizer Polizei führte im Jahr 2023 schrittweise flächendeckend zwei VR-Systeme zu Schulungszwecken ein. Bis zu sechs Polizisten können gleichzeitig in die virtuelle Welt eintauchen – wobei der Einsatzort in Echtzeit rekonstruiert werden kann und die Beamten ihr motorisches Verhalten beim Schusswaffengebrauch oder Pfeffersprayeinsatz trainieren können. Aber auch Katastrophenszenarien, taktische Einsätze und medizinische Notfälle können trainiert werden (Vogt 2023).

5.2.3 Personalisierte Produkt-Konfiguration

Das Metaverserve macht die Hyperpersonalisierung möglich – mit immersiven Konfiguratoren für Produkte: Nehmen wir an, ein Autokäufer möchte sein Traumauto zusammenstellen. Mithilfe einer VR-Brille kann er die Innen- und Außenausstattung anpassen, den Motorraum inspizieren und eine Probefahrt auf virtuellen Straßen unternehmen. Unternehmen wie Porsche bieten bereits VR-Erlebnisse an. Mit dem „VR Car Configurator" können Kunden ihr gewünschtes Fahrzeug von Grund auf gestalten. Sie können die Farbe, das Interieur und die Ausstattung personalisieren und das Ergebnis in einem realistischen virtuellen Umfeld begutachten. Und selbst das Umfeld, in dem der Porsche konfiguriert wird, können sie verändern.

Ähnlich können potenzielle Hauskäufer mithilfe von AR-Apps oder VR-Brillen Rundgänge durch Immobilien machen und die Raumaufteilung anpassen, bevor sie eine endgültige Entscheidung treffen. Diese immersive Erfahrung ermöglicht es Kunden, Produkte und

Dienstleistungen auf eine ganz neue Art und Weise zu erleben, bevor sie einen Kauf tätigen. Aus welchem Material soll der Küchenboden sein? Welche Farbe soll die Wand im Wohnzimmer haben? Welche Fenster möchten wir im Arbeitszimmer haben? Bauherren können durch ihre virtuellen vier Wände besichtigen und das Haus einrichten, bevor es gebaut ist. Das spart viel Planungszeit und erleichtert die Kaufentscheidung.

Und auch die Modeindustrie experimentiert schon seit geraumer Zeit mit AR. Der spanische Modehändler Zara nutzt beispielsweise AR-Spiegel, die Kunden in der Umkleidekabine virtuell verschiedene Kleidungsstücke anzeigen, ohne dass sie sie tatsächlich anprobieren müssen. Und die Luxusmarke Burberry hat im Jahr 2020 in Kooperation mit Google eine AR-Shopping-App entwickelt, die es Kunden ermöglicht, eine AR-Version von Burberry-Produkten in direktem Vergleich zu realen Objekten zu betrachten. Das bedeutet, dass beispielsweise Schuhe virtuell mit einem aktuellen Outfit angesehen werden kann, um vor dem Kauf eine realistische Vorstellung von dem Produkt zu erhalten und das Einkaufserlebnis im Geschäft zu simulieren. Damit folgt Burberry einem Kundentrend in seinem Kundensegment: Laut McKinsey-Report „The Age of Digital Darwinism" (Achille et. Al. 2018) werden im Jahr 2025 ein Fünftel der Käufe von Luxusmode online stattfinden.

All diese Beispiele verdeutlichen: Unternehmen verfolgen schon heute innovative Ansätze im Metaverse, um Produkte und Dienstleistungen zu verkaufen. Die Verbindung von Virtual Reality, Augmented Reality und personalisierten Erlebnissen ermöglicht es Kunden, Produkte in einer realistischen und ansprechenden Umgebung zu erleben und sie zu individualisieren, bevor sie eine Kaufentscheidung treffen. Vertriebsstrategien im Metaverse versprechen demnach nicht nur höhere Umsätze, sondern auch eine engere Kundenbindung und Markentreue. Vertrieb im Metaverse kann zum wahren Umsatztreiber werden. Wer in diese aufstrebende Dimension investiert, erschließt innovative Vertriebskanäle und bestimmt die digitale Realität der Customer Experience von morgen.

5.2.4 Generative Spaces

Eine der aufregendsten Entwicklungen im Metaverse ist die Möglichkeit, sogenannte Generative Spaces für bestimmte Events zu schaffen. Das sind programmierte VR-Räume oder kleine Metaversen, in denen beispielsweise Konzerte, Kongresse oder Firmenevents stattfinden können. Aber auch die schon genannten Digitalen Zwillinge spezifischer Einrichtungen sind Generative Spaces. Sie können mit VR-Brillen betreten werden, z. B. als virtueller Showroom für Verkaufsgespräche oder Konfigurator bestimmter Produkte.

Ein herausragendes deutsches Unternehmen in diesem Bereich war die kreatiVRaum GmbH mit Sitz in Karlsruhe. Die Firma erstellte nicht nur Digitale Zwillinge von Gebäuden und Räumlichkeiten, sondern auch von der potenziellen Innenausstattung, die nach Fertigstellung vorhanden sein könnte. Die Firma existiert heute nicht mehr – ihre Technologie aber schon, denn diese gehörte schon vor Jahren zur besten in dem Bereich. Ein Beispiel: Der Schweizer Pharmakonzern Roche beauftragte die Firma Waldner, einen Hersteller von Laboreinrichtungen, mit der Lieferung der Laborausstattung für das neue Roche Innovation Center in Basel.

Da das Forschungsgebäude noch nicht gebaut war, fertigte die kreatiVRaum GmbH von drei Stockwerken des Gebäudes – rund 1200 Quadratmeter Laborfläche – einen maßstabsgetreuen Meta Twin an. Die Vertriebsmitarbeiter von Waldner konnten dann gemeinsam mit den Verantwortlichen des Pharmariesen durch das virtuelle Labor spazieren und die virtuellen Zwillinge ihrer Produkte direkt vor Ort präsentieren. Das funktioniert entweder über eine VR-Brille, einen PC, ein Tablet oder auch ein Smartphone. Die Nutzer erhalten einen Avatar, mit dem sie dann wie in einem Computerspiel durch die Räume laufen, Layouts oder Farben verändern und die Laborgeräte bedienen können. Laborantinnen und Laboranten konnten in dem kleinen Metaverse Arbeitsabläufe simulieren und Hinweise geben, in welchen Räumen sie sich die Einrichtung anders wünschen.

Somit war der Digitale Zwilling ein erlebbarer Showroom und Konfigurator zugleich. Dadurch konnte Roche nicht nur Prozessschritte überspringen und Umbaukosten sparen, sondern auch die Widerstandsphase der Belegschaft im Veränderungsprozess verkürzen: Die Mitarbeitenden konnten sich vorab in den virtuellen Laborräumen (ihrem neuen Arbeitsplatz) umschauen und teilweise bei der Auswahl der technischen Einrichtung mitreden. Das hat die Akzeptanz für das Projekt enorm erhöht (Komor 2023).

Weitere Möglichkeiten, generative Spaces für den Vertrieb zu nutzen, bietet sich für die Event-Branche: Kongresse oder Konzerte können in generative Metaversen gehostet werden, an denen Interessierte auf der ganzen Welt teilhaben können, ohne physisch am Ort zu sein. Überlegen Sie sich einmal, wie viel CO_2-Ausstoß damit gespart werden kann! Unternehmen können Kunden aus der ganzen Welt erreichen und ein einzigartiges, interaktives Erlebnis bieten. Dies fördert nicht nur das Kundenengagement, sondern eröffnet auch neue Geschäftsmöglichkeiten. Ein prominentes Beispiel: Am 7. September 2023 erschien eine Pressemitteilung der Unternehmen Decentraland, dem ersten dezentralisierten Metaverse, Vegas City, dem größten Spielebezirk in Decentraland und Voxel Architects, ein auf das Metaverse spezialisiertes Studio für digitale Architektur. Die drei Unternehmen tun sich für ein Projekt zusammen, um das größte Automobilevent in der Geschichte des Metaverse zu schaffen: die Metaverse Motor Show 2024 (MVMS 2024). Wortlaut der Pressemeldung:

> „Die MVMS 2024 findet auf einem 800 Parzellen großen Gelände in Decentraland statt und bietet einen innovativen Ansatz für die Einbindung von Fans, die Förderung von Marken und die erlebnisreiche Präsentation von Fahrzeugen. Mit einer Reihe von Features wie Autoshows auf dem Laufsteg, realen Autoausstellungen, Wearable-Kollektionen, Live-Konferenzen und Live-Rennen auf der Rennstrecke wird diese Veranstaltung die Art und Weise revolutionieren, wie Autoliebhaber und Automobilmarken interagieren."

Das Metaverse macht's möglich. Lassen wir unsere Fantasie noch etwas schweifen: Stellen Sie sich vor, die nächste Präsentation des neuen iPhones fände im Metaverse statt. Es könnte jeder Interessierte von zuhause aus mit dabei sein. Erkennen Sie, was für ein Umsatzpotenzial Generative Spaces bieten?

Kein Wunder, dass Konzertveranstalter und Künstler auch schon auf den Zug aufspringen: Justin Bieber, Foo Fighters, David Guetta, Travis Scott, Post Malone, Kid Cudi – sie alle haben schon Konzerte in der virtuellen Welt gegeben. Die Metaverse-Plattformanbieter waren dabei ganz unterschiedlich. Manche Künstler haben sich für die virtuellen Spielewelten von Fortnite oder Roblox entschieden, andere für das Metaverse Wave, eine virtuelle Musikplattform – und wiederum andere für das Metaverse Horizon Venues der Facebook-Firma Meta. Fans konnten interaktiv mit ihren Avataren anwesend sein, sie steuern und beispielsweise gemeinsam mit anderen Teilnehmern tanzen und feiern. Der Eintritt ist nicht so hoch, wie bei einem physischen Konzert, die Emotionen sind aber sehr ähnlich!

Mit seiner einfachen Bedienung und einer Vielzahl von Funktionen steht Gather beispielhaft für das wachsende Angebot an innovativen Lösungen im Bereich der generativen Räume. Gather wurde 2020 in der Schweiz gegründet und ermöglicht es Nutzern, sich in einer 3D-Welt zu treffen und zusammenzuarbeiten. Die Plattform bietet Videochat, Textchat, Bildschirmfreigabe und interaktive Elemente, die eine vielseitige Nutzung für Telearbeit, Bildung und soziale Aktivitäten ermöglichen.

Ein weiteres Beispiel für innovative generative Räume ist „Virtual Spaces" von PwC Deutschland. Diese Business-Metaverse-Plattform, die 2023 an den Start gegangen ist, ermöglicht es Nutzern, virtuelle Räume über Avatare zu betreten und zu interagieren – ideal für Meetings, den Austausch sensibler Daten und andere Formen der Zusammenarbeit. Die in Zusammenarbeit mit der Digitalagentur Demodern entwickelte Plattform legt besonderen Wert auf Sicherheit und Compliance, was sie für den professionellen Einsatz besonders wertvoll machen kann.

Diese Beispiele verdeutlichen das Potenzial von Generative Spaces für verschiedene Branchen und Geschäftsmodelle, insbesondere im Hinblick auf Sicherheit, Flexibilität und Innovation.

5.2.5 Spatial Computing

Seitdem Apple die AR-Brille Apple Vision Pro auf den Markt gebracht hat, taucht der Begriff „Spatial Computing" immer wieder auf. Spatial Computing ist ein Begriff aus der Informatik und bezieht sich auf eine Technologie und ein Konzept, das die Interaktion zwischen Menschen und Computern in der physischen Welt verbessert, indem es digitale Informationen nahtlos in die reale Umgebung integriert. Der Kern ist die Integration von Augmented Reality (AR), Virtual Reality (VR) und Mixed Reality (MR). AR bringt digitale Informationen in die reale Welt, VR schafft komplett virtuelle Umgebungen und MR verbindet beide durch die Vermischung von digitalen und realen Elementen.

Apple Vision Pro, Apples erstes Produkt in diesem Bereich, demonstriert eindrucksvoll die Möglichkeiten dieser Technologie. Es verfügt über ultrahochauflösende Micro-OLED-Displays, ein fortschrittliches räumliches Audiosystem und ein präzises Eyetracking-System. Vision Pro ermöglicht die nahtlose Interaktion mit digitalen Inhalten, die in die reale Umgebung integriert sind.

Die Anwendungsmöglichkeiten des Spatial Computing sind vielfältig. In der Kommunikation ermöglicht es, über virtuelle Räume hinweg zusammenzuarbeiten. In der Bildung bietet es die Möglichkeit immersiver Lernerfahrungen. In der Wirtschaft kann die Produktivität durch die Visualisierung von Konzepten in realen Kontexten steigern. Im Bereich der Telepräsenz erzeugt es die Illusion der Anwesenheit von Personen im selben Raum.

Spatial Computing ist mehr als eine technologische Innovation. Es ist ein Paradigmenwechsel in der Art und Weise, wie wir mit der digitalen Welt interagieren. Mit Pionierprodukten wie Apple Vision Pro betreten wir eine Ära, in der die Grenzen zwischen digital und real verschwimmen. Die Zukunft verspricht, diese Grenzen noch weiter aufzulösen und uns neue Möglichkeiten der Interaktion zu eröffnen, die wir uns bisher nicht vorstellen konnten.

5.2.6 Meta Humans/Social Avatare

Womit wir beim nächsten Punkt wären: den Avataren der eigenen Person im virtuellen Raum. Inmitten der digitalen Metaverse-Revolution spielen sogenannte Meta Humans oder Social Avatare für Vertrieb und Marketing eine entscheidende Rolle, da sie kulturelle Grenzen überwinden und für eine neue Klarheit in der globalen Kommunikation sorgen.

Meta Humans und Avatare sind digitale Repräsentationen von Menschen in der virtuellen Welt des Metaverse. Sie können von Unternehmen und Individuen erstellt werden und bieten eine neue Ebene der Interaktion und Kommunikation. Ein Beispiel: Der Vertriebsleiter eines deutschen Unternehmens spricht Deutsch, Französisch und Englisch. Das Unternehmen hat allerdings viele Kunden aus Asien, was immer wieder zu Komplikationen und Missverständnissen in Verkaufs- und Showroom-Gesprächen führt. Spezifische Detailfragen zu Produktkomponenten lassen sich nicht so einfach von Deutsch nach Englisch übersetzen – geschweige denn nach Japanisch, Koreanisch oder Chinesisch. Und es fällt dem Unternehmen schwer, Muttersprachler asiatischer Länder für den Vertrieb zu gewinnen.

Die Lösung: Man trifft sich im Metaverse – und der Avatar des Vertriebsleiters erhält dort mithilfe KI-basierter Sprachmodelle multilinguale Fähigkeiten und kulturelle Sensibilität. Der Vertriebsleiter kann sich nun mit seinem koreanischen Kunden im Metaverse treffen und ihm auf Deutsch das Produkt erklären. Der Kunde sieht und hört den Avatar des Vertriebsleiters auf Koreanisch, der ihm durch die Produktwelt führt – und sogar kulturelle Feinheiten beachtet, was das Potenzial für Missverständnisse oder unbeabsichtigte Beleidigungen minimiert. Stellt der Kunde eine Frage in seiner Sprache, hört der Vertriebsleiter sie wiederum auf Deutsch. Das kann so weit gehen, dass der Vertriebsleiter vor einem internationalen Kundenkreis Produkte vorstellen kann, die jeder in seiner eigenen Sprache versteht. Eine unglaubliche Bereicherung für alle Seiten!

Real-Time-Transkreation, also kulturell korrekte Übersetzung, bzw. Interpretation in Echtzeit ist ebenfalls keine Zukunftsmusik mehr. Es gibt bereits Unternehmen, die sich damit beschäftigen, wie zum Beispiel

Guildhawk aus London, das mehrsprachige Meta Humans und Übersetzungstechnologie entwickelt, die auf generativer KI und menschlichem Know-how basiert.

Aber auch ohne Avatare können Unternehmen durch Transkreation eine globale Zielgruppe noch direkter ansprechen. Markenbotschaften und Werbeinhalte können im Metaverse so angepasst werden, dass sie in verschiedenen kulturellen Kontexten und Regionen verstanden werden. So lassen sich Werbetexte, Slogans oder Geschichten transkribieren, deren Aussagen auch wirklich bei der Zielgruppe ankommen – ohne auf kulturelle Barrieren zu stoßen. Dadurch werden Marketingkampagnen effektiver und können eine stärkere Verbindung zu den Zielgruppen aufbauen. Das ist die Zukunft des globalen Vertriebs und Marketings!

5.2.7 Virtual Influencer

Influencer sind seit Social Media zur interessanten Zielgruppe für Marken geworden. Es ist allerdings teuer, Influencer oder prominente Testimonials für die eigenen Marketingzwecke zu aktivieren. Darum haben sich einige Unternehmen gedacht: Erstellen wir doch unseren eigenen Influencer. Virtuell. Sogenannte Virtual Influencer sind digitale Persönlichkeiten, die von kreativen Teams erstellt werden und in sozialen Medien und anderen digitalen Plattformen auftreten. Diese Charaktere sind oft vollständig animiert und können mit ihrer eigenen einzigartigen Persönlichkeit und ihrem Stil eine starke Fangemeinde aufbauen. Im Metaverse können sie als Markenbotschafter neue Produkte vorstellen oder als Kundenberater agieren. Ein paar bemerkenswerte Beispiele:

- Colonel Sanders von Kentucky Fried Chicken: Wer Kentucky Fried Chicken (KFC) kennt, dem ist Colonal Sanders, dem fiktiven Maskottchen, wahrscheinlich ein Begriff. Dieser digitale Repräsentant des Fast-Food-Riesen hat in kurzer Zeit eine erhebliche Anhängerschaft gewonnen. KFC hat den Colonel als virtuelle Figur zum Leben erweckt und ihn auf sozialen Plattformen und in der virtuellen Welt aktiv werden lassen. Er sieht mehr wie ein Model aus als wie ein alter Mann. Seine Präsenz reicht von den sozialen Medien bis hin zu Videospielen und virtuellen Veranstaltungen.

- Lu von MagaLu: Das Unternehmen Magazine Luiza, kurz MagaLu, ist Brasiliens größter Einzelhändler. 2003 wurde eine Stimme für den Webshop entwickelt und „Lu" getauft. Gemeinsam mit der Werbeagentur Ogily Sao Paulo wurde 2009 dann Lu als virtuelle Influencerin entwickelt. Lu interagiert mit ihren Fans auf Instagram (@magazineluiza), präsentiert Produkte, nimmt an virtuellen Veranstaltungen teil und schafft so eine starke Online-Präsenz für die Marken, die sie repräsentiert.
- Lil Miquela: 2016 entwickelte das Tech-Startup Brud (heute Dapper Labs) die virtuelle Influencerin Lil Miquela. Lil Miquela hat 2,7 Mio. Follower auf Instagram (@lilmiquela) und wird von Marken wie Prada, Calvin Klein und BMW für Werbekampagnen genutzt. Ihre Honorare gehen an die Entwickler.

Diese fiktiven Persönlichkeiten bieten Marken die Möglichkeit, Produkte auf eine unterhaltsame und interaktive Weise zu präsentieren. Sie interagieren mit Fans, veröffentlichen Inhalte und sorgen für virale Aufmerksamkeit – obwohl das Metaverse noch nicht überall etabliert ist. Diese virtuellen Influencer bieten eine Vorstellung davon, wie sich Marken in Zukunft zu personifizierten Botschaftern in der virtuellen Welt entwickeln können. Obwohl sie künstlich geschaffen sind, können sie echte Verbindungen mit ihren Fans herstellen und die Identität einer Marke auf eine persönliche und zugängliche Weise repräsentieren. Sie werden zu Meta-Verkäufern im virtuellen Raum. Das Metaverse bietet eine aufregende neue Bühne für den E-Commerce-Sektor, auf der virtuelle Influencer eine wichtige Rolle für die Kundeninteraktion und Markenwahrnehmung spielen.

5.2.8 Markenwahrnehmung

Im Metaverse können wir Marken in einer neuen Dimension erleben. Für die Gestaltung eines Markenauftritts stellen sich dabei neue Fragen, die auf den ersten Blick banal erscheinen, für eine konsistente Corporate Identity aber nicht unwesentlich sind. Zum Beispiel: Wie sieht unser Logo im Metaverse aus? Und: Wie sieht es in einer virtuellen

3D-Welt von hinten aus? Diese Überlegungen stellen die Design- und Werbeindustrie vor spannende Herausforderungen.

Marken haben die Möglichkeit, in einer immersiven Umgebung zu interagieren, Inhalte zu präsentieren und Erlebnisse zu schaffen, die traditionelle Medien nicht bieten können. Nicht nur das Erscheinungsbild der Marke muss von allen Seiten überzeugen, sondern auch ihre Interaktion mit potenziellen Käufern. So lassen sich Marken im Metaverse viel stärker animieren: Lichteffekte und Sound können noch stärker zur Geltung kommen als im klassischen E-Commerce oder bei physischen Points of Sale. Wer mit einer VR-Brille durch virtuelle Shoppingwelten streift, kann also mit fantastischen Sounds und leuchtenden Farben rechnen, die nur digital darstellbar sind. Hinzu kommt die dritte Dimension:

In der zweidimensionalen Welt des klassischen Marketings war die Betrachtung eines Logos oder Claims von vorne ausreichend. Im Metaverse, einer Welt der räumlichen Darstellung und immersiven Erfahrungen, wird die Perspektive erweitert. Marken müssen nicht nur von vorne, sondern auch von allen Seiten ansprechend und erkennbar sein. Dies bringt ein neues Verständnis für das Design mit sich – denn ein 3D-Logo muss nicht nur aus verschiedenen Blickwinkeln attraktiv wirken, sondern auch auf die Interaktion und Bewegung der Nutzer im virtuellen Raum abgestimmt sein.

Die neue Herausforderung für Designer besteht also darin, Markenidentitäten zu schaffen, die nicht nur ästhetisch ansprechend sind, sondern auch den räumlichen Anforderungen des Metaverse gerecht werden. Die Notwendigkeit, Logos und Claims aus allen Blickwinkeln zu gestalten, erfordert einen neuen Ansatz im Designprozess. Das bedeutet, dass Designer verstärkt in 3D denken und arbeiten müssen, um eine konsistente Markendarstellung in einer virtuellen 3D-Welt zu erzielen. Es könnte ein neues Berufsfeld in der audiovisuellen Kommunikation aufkommen: VR- und AR-Designer, die speziell auf die Bedürfnisse für Unternehmen im Metaverse zugeschnitten sind. Designer, die die Fähigkeit entwickeln, in virtuellen Welten zu denken und die Sinne ihrer Kunden anzusprechen, können in dieser aufstrebenden Branche erfolgreich sein.

Literatur

Achille, Antonio et. Al. (2018): *The Age of Digital Darwinism*. McKinsey. https://www.mckinsey.com/~/media/mckinsey/industries/retail/our%20insights/luxury%20in%20the%20age%20of%20digital%20darwinism/the-age-of-digital-darwinism.pdf Zugegriffen: 31.01.2024.
Blumstein, Guideon et. Al.: *Randomized Trial of a Virtual Reality Tool to Teach Surgical Technique for Tibial Shaft Fracture Intramedullary Nailing*. In: Journal of Surgical Education, Volume 77, Issue 4, July–August 2020, S. 969–977.
Hill, Jürgen (2023): *Zentrum für industrielles Metaverse in Erlangen geplant*. Computerwoche. https://www.computerwoche.de/a/zentrum-fuer-industrielles-metaverse-in-erlangen-geplant,3614873 Zugegriffen: 31.01.2024.
Komor, Ralf (2023): *MetaSales: Verkaufen im Metaverse*. https://komor.de/metasales-verkaufen-im-metaverse/ Zugegriffen: 31.01.2024.
Lewis, Peter H. (1994): *Attention Shoppers: Internet Is Open*. Ney York Times, 12. August 1994, Seite 1. https://www.nytimes.com/1994/08/12/business/attention-shoppers-internet-is-open.html Zugegriffen: 31.01.2024.
Lufthansa Aviation: *Virtual Training Courses: The Revolution in Flight Attendant Training*. https://www.lufthansa-aviation-training.com/virtual-reality-hub Zugegriffen: 31.01.2024.
McKinsey (2022): *Value Creation in the Metaverse*. https://www.mckinsey.com/capabilities/growth-marketing-and-sales/our-insights/value-creation-in-the-metaverse Zugegriffen: 31.01.2024.

weiterfuhrente literatur

Buchholz, Katharina (2023): *How the Metaverse is Making Money*. Statista. https://www.statista.com/chart/29329/metaverse-revenue/ Zugegriffen: 31.01.2024.
Dpa-AFX (2023): *GNW-Adhoc: Enthüllung der Zukunft des Automobils: die Metaverse Motor Show 2024*. Börse Express. https://www.boerse-express.com/news/articles/gnw-adhoc-enthuellung-der-zukunft-des-automobils-die-metaverse-motor-show-2024-568586 Zugegriffen: 31.01.2024.
Gartner (2020): *The Future of Sales – Transformational Strategies for B2B Sales Organizations*.

Greenwold, Simon (2003): *Spatial Computing.* Massachusetts Institute of Technology, Juni 2003. Link: https://acg.media.mit.edu/people/simong/thesis/SpatialComputing.pdf Zugegriffen: 31.01.2024.

Inevitable/Human (2022): *KFC's Colonel Sanders is now a digital human – Will other iconic brand mascots follow?* https://inevitablehuman.com/kfcs-colonel-sanders-is-now-a-digital-human-will-other-iconic-brand-mascots-follow/ Zugegriffen: 31.01.2024.

PYMNTS (2021): *Optimizig SMB Payments Report.* Link: https://www.pymnts.com/wp-content/uploads/2021/05/PYMNTS-Optimizing-SMB-Payments-Report-May-2021-v3.pdf Zugegriffen: 31.01.2024.

Rezzil: https://rezzil.com/.

Schwendener, Thomas (2023): *2024 soll Virtual Reality für Schweizer Polizisten Ausbildungsalltag sein.* Inside IT. https://www.inside-it.ch/2024-soll-virtual-reality-fuer-schweizer-polizisten-ausbildungsalltag-sein-20230817 Zugegriffen: 31.01.2024.

Strivr/JetBlue: https://www.strivr.com/customers/jetblue/.

Storyclash (2023): *Top 10 Virtual Influencers Rocking the Fashion Industry.* https://www.storyclash.com/blog/en/virtual-influencers/ Zugegriffen: 31.01.2024.

Tien-Dana, Jack (2023): *12 Major Artists Who Have Performed in the Metaverse.* One37pm. https://www.one37pm.com/music/ten-major-artists-who-have-performed-in-the-metaverse Zugegriffen: 31.01.2024.

# 6
Starthilfen für Unternehmen im Metaverse

Den Schritt ins Metaverse zu wagen, mag zwar nach einer futuristischen Vision klingen, ist jedoch bereits gegenwärtig machbar. In diesem Kapitel präsentieren wir einen umfassenden Ansatz, der Verantwortliche und Interessierte dazu ermutigen soll, sich nicht nur theoretisch, sondern schrittweise und praktisch im Metaverse zu positionieren. Dabei beleuchten wir nicht nur die potenziellen Vorteile und Möglichkeiten, sondern auch die vielfältigen Herausforderungen und Risiken, die es zu beachten gilt – und weisen auf relevante Technologien hin, die Unternehmen auf dem Radar haben sollten, um erfolgreich im Metaverse agieren zu können. Ein Universalrezept gibt es jedoch nicht. Welche Technologien und Plattformen für Sie relevant sind, hängt auch von Ihrer Branche, Ihrer Zielgruppe und Ihren Zielen ab.

Wie gelingt es nun, die Zukunft zu antizipieren und sich als erfolgreiches Unternehmen im Metaverse zu etablieren? Zunächst sei gesagt: Probieren Sie aus, experimentieren Sie. Noch ist das Metaverse nicht ganzheitlich in allen Bereichen unserer Gesellschaft angekommen. Darum ist jetzt die Zeit, Vertriebskanäle, Metaverse-Plattformen und Marketingstrategien zu testen – damit Sie in naher Zukunft in den Startlöchern stehen, wenn das Metaverse sich endgültig etabliert hat.

Um die Vorteile und innovativen Vertriebsmöglichkeiten des Metaverse zu nutzen, sollten Unternehmen für eine konsistente Markenpräsenz in der virtuellen Welt sorgen und sich überlegen: Wie generieren wir Geschäft mit dieser Technologie?

Der Aufbau eines neuen Marketing- und Vertriebskanals sowie einer um eine neue Dimension erweiterten Corporate Identity ist immer auch eine kleine Transformation. Der Aufwand aber lohnt sich: So prognostiziert Statista (Buchholz, 2023) für das Metaverse im Jahr 2030 ein Marktvolumen von 500 Mrd. US$. Wem es gelingt, frühzeitig eine starke Markenpräsenz auf denjenigen Plattformen zu haben, auf denen die Kundengruppen unterwegs sind, erschließt sich einen virtuellen Wachstumsmarkt – mit realem Umsatzpotenzial. Im den folgenden Abschnitten stellen wir Ansätze vor, wie Verantwortliche ihr Unternehmen Schritt für Schritt im Metaverse etablieren können.

6.1 Analyse und Technologieanforderungen

Die Infrastruktur für eine erfolgreiche Präsenz im Metaverse erfordert unterschiedliche Technologien, mit denen Sie für eine immersive und benutzerfreundliche Erfahrung bei Ihrer Zielgruppe sorgen können. Je nachdem, ob Sie im B2C- oder B2B-Geschäft unterwegs sind, können die Plattformanbieter abweichen, denn ein Social Metaverse unterscheidet sich von einem Industrial Metaverse oder einem Enterprise Metaverse. Im Kern benötigen Sie aber immer folgende Technologie-Elemente:

6.1.1 Eine virtuelle Umgebung

Egal, ob ein Unternehmen einen Showroom mit Konfigurator bauen, den Digitalen Zwilling für einen Maschinenpark erstellen oder eine interaktive E-Commerce-Erlebniswelt gestalten möchte: Die Entwicklung einer lebendigen und ansprechenden 3D-Umgebung erfordert spezielle Software oder Entwicklungsplattformen. Software wie Unreal Engine,

Blender, Godot oder Unity ermöglichen die Erstellung und Gestaltung von virtuellen Räumen und Objekten. Entwicklungsplattformen wie Decentraland, Roblox, Sandbox oder Nvidia bieten Tools und Ressourcen für die Erstellung eigener virtueller Welten und Interaktionen. Die Auswahl einer geeigneten Software und Plattform, die zu den Zielen und Bedürfnissen des Unternehmens passt, ist von entscheidender Bedeutung. Dabei kann es sich um VR-Spielewelten, soziale VR-Welten, spezialisierte Metaverse-Plattformen oder kundenspezifische Lösungen handeln. Eine Liste der aktuell größten Anbieter finden Sie in Kap. 8 dieses Springer Essentials.

6.1.2 Passende VR/AR-Hardware

Für eine emotionsgeladene, unvergessliche immersive Kauferfahrung sind gute VR-Headsets oder AR-Brillen ein absolutes Muss. Die Wahl der geeigneten Hardware hängt aber von der geplanten Anwendung und der Zielgruppe ab. Wenn sich Kunden remote vom gesamten Globus aus zu einem von Ihnen organisierten Metaverse-Kongress zuschalten, muss jeder Gast seine eigene Hardware zuhause haben. Wenn Sie physische Stores betreiben, in denen Ihre Verkaufsberater gemeinsam mit Interessenten in das Metaverse hineintauchen, um das neue Produkt zu erleben, sollten Sie für die Kunden geeignete VR-Hardware parat haben. Für VR-Umgebungen sind Headsets wie Meta Quest, PS VR2, HTC Vive oder Oculus Rift beliebt. AR-Brillen wie Apple Vision Pro, Microsoft HoloLens oder Nreal Air sind ideal für Anwendungen, die die reale Welt mit digitalen Elementen kombinieren.

Auch Hochleistungsrechner und Grafikkarten können für die reibungslose Darstellung und Interaktion in einer 3D-Umgebung eine entscheidende Rolle spielen, um die Anforderungen der virtuellen Welten erfüllen zu können. Allerdings lassen sich viele VR-Softwarelösungen auch in der Cloud betreiben, zum Beispiel bei Microsoft Azure, Amazon Web Services oder Google – was den Endnutzern das Hochrüsten der Hardware ersparen kann.

6.1.3 Eine skalierbare Netzwerkinfrastruktur

Im Metaverse werden enorme Datenmengen verarbeitet und Echtzeitfunktionen bereitgestellt. Die Nutzer benötigen eine zuverlässige und leistungsstarke Internetverbindung, um die immersive Umgebung ohne Verzögerungen zu erleben. Eine schnelle und stabile Internetverbindung ist also unerlässlich. Aktuell fokussieren sich viele Anbieter auf die Bandbreite und die Downloadgeschwindigkeit. Für das Metaverse werden aber noch leistungsstärkere Verbindungen nötig sein – Stichwort 5G. Je geringer die Latenzzeit, gerne auch „Ping" genannt, desto besser das User-Erlebnis. Wer schon einmal online Multiplayer-Spiele gespielt hat, weiß: Eine geringe Latenzzeit ist für ein flüssiges Spielerlebnis wichtig. Ruckelnde Landschaften und hakende Bewegungen verderben den Spielespaß schnell. Ein nahtlos synchronisiertes Spielerlebnis zwischen allen Teilnehmern auf der Welt ist essenziell. Wenn ein Spieler mit einem Objekt oder einem anderen Spieler interagiert, müssen alle anderen Spieler diese Veränderung sofort wahrnehmen.

Genauso ist es mit einem virtuellen Konfigurator oder einem Event im Metaverse. User Experience ist ein enormer Erfolgsfaktor! Mit einer steigenden Anzahl an Nutzern oder größeren Distanzen zwischen den Teilnehmern kann der Synchronisierungsaufwand entsprechend anwachsen. Darum ist es auch wichtig, dass die Infrastruktur skalierbar ist. Sie muss flexibel genug sein, um das Wachstum und die Anpassung an sich ändernde Anforderungen und Benutzerzahlen zu unterstützen. Es gilt, die virtuelle Umgebung und die Technologie kontinuierlich zu aktualisieren und an die Bedürfnisse der User anzupassen. Denn wie wir bereits im vorherigen Kapitel erörtert haben: Wer nicht auf dem neuesten Stand der Technik ist, verliert Nutzer und Kunden.

6.1.4 Bei Bedarf: Eine E-Commerce-Integration und Zahlungsabwicklung

Wer direkt im Metaverse Transaktionen ermöglichen möchte, benötigt zudem ein passendes E-Commerce-System. Wichtig ist eine nahtlose Verbindung zwischen der Metaverse-Plattform und den E-Commerce-

Systemen des Unternehmens. Mit klassischen E-Commerce-Plattformen wie Shopify, Amazon oder Magento lässt sich eine nahtlose Integration in die Metaverse-Umgebung durchführen. Außerdem sollten sichere und vertrauenswürdige Zahlungsmöglichkeiten in das virtuelle Umfeld integriert werden, damit Kunden ein reibungsloses Kauferlebnis erfahren. Eine direkte Shop-Anbindung kann die Verkaufsabschlüsse steigern. Denken Sie an den Konfigurator eines Eigenheims: Kunden könnten ihr Traumhaus nicht nur virtuell konfigurieren, sondern die Baumaterialien direkt in den Einkaufswagen legen und bestellen. Somit haben sie eine klare Kostenübersicht und können die Liste auch direkt an den Architekten weiterleiten.

6.1.5 Ein zuverlässiges Daten- und Sicherheitsmanagement

Die Verwaltung von Benutzerdaten, Transaktionen und Interaktionen im Metaverse erfordert robuste Datenmanagement- und Analysewerkzeuge. Nur so können Anbieter wertvolle Erkenntnisse über das Nutzerverhalten gewinnen und das Benutzererlebnis optimieren. Die Sicherheit sensibler Daten und Transaktionen im virtuellen Raum ist von höchster Wichtigkeit. Ein starkes Sicherheitsprotokoll ist unverzichtbar, um Datenschutz und Vertraulichkeit zu gewährleisten. In Europa wir dieser Aspekt strenger betrachtet und reguliert als in Asien oder den USA. Eine zu strenge Regulierung aber könnte Unternehmen in Europa ausbremsen. Jonas Andrulis, Gründer des Heidelberger KI-Unternehmens Aleph Alpha appellierte darum laut Tagesschau im November 2023 an die Politik, die Regulierung nicht zu übertreiben: „Wir brauchen auch noch ein paar Feldspieler, nicht nur Schiedsrichter." (Tagesschau 2023).

Und dennoch ist es natürlich enorm wichtig, geeignete Tools und Software für Sicherheitsprotokolle und Datenschutzmaßnahmen zu implementieren, um die Vertraulichkeit sensibler Daten zu gewährleisten.

6.1.6 Die passenden Technologiepartner wählen

All die hier genannten Tools und Technologien müssen zwei Ansprüchen entsprechen: Sie sollten für die Kundengruppen relevant sein und zum Unternehmen passen. Denn Unternehmen werden eng mit den Anbietern und Dienstleistern zusammenarbeiten müssen, die sich auf Metaverse-Technologien spezialisiert haben. Strategische Partnerschaften mit Herstellern von VR/AR-Hardware oder Entwicklern von 3D-Software erleichtern beispielsweise den Zugang zu Technologie und Support. Verantwortliche sollten darum eine Kooperation auf Augenhöhe anstreben. Bei der Auswahl der passenden Anbieter können externe Experten, wie z. B. Interim Manager hilfreiche Unterstützung bieten.

6.1.7 Fehlende Kompetenzen aufbauen oder einkaufen

Stellen Sie sich die Frage: An welcher Stelle müssen wir Kompetenzen im Unternehmen aufbauen? Und wo ist es sinnvoller, Kompetenzen einzukaufen? Es ist ratsam, internes Marketingwissen für das Metaverse aufzubauen. So kann ihr Marketingteam zielführender maßgeschneiderte Marketingstrategien entwickeln. Je nach Organisationsgröße und interner Kapazitäten können Sie auch technische Fähigkeiten wie die Gestaltung von 3D-Umgebungen, VR/AR-Entwicklung und die Integration von E-Commerce im Metaverse intern aufbauen. In der Regel ist eingekaufte Expertise hier aber zielführender. Der Aufbau interner Kompetenzen ist langfristig von strategischem Nutzen und stärkt Ihre Unternehmensidentität. Externe Fachleute oder Agenturen sind hilfreich für spezialisierte oder kurzfristige Projekte, bei denen die internen Ressourcen nicht ausreichen oder die eine schnelle Umsetzung erfordern.

6.2 Strategische Planung und Ressourcenallokation

Noch ist das Metaverse eine große Spielwiese. Die Marken, die dort unterwegs sind, experimentieren und sammeln Erfahrung. Und genau das sollte auch Ihr Ziel sein – egal, ob B2C oder B2B. Entdecken Sie die Marketingmöglichkeiten des Metaverse! Sobald Sie Präsenz in der virtuellen Welt aufgebaut haben – sei es durch einen Erlebnisraum auf verschiedenen offenen Metaverse-Plattformen oder durch geschlossene B2B-spezifische Räume – können Sie sich mit der Marketingplanung auseinandersetzen. Ein Universalrezept für Metaverse-Marketing existiert nicht und die optimale Herangehensweise ist stark markt- oder branchenabhängig. Die folgenden Ansätze sollen aber Ideen und Inspirationen bieten, wie Sie eine Metaverse-Marketingstrategie aufsetzen könnten.

6.2.1 Zieldefinition und Zielgruppenanalyse

Legen Sie konkrete Ziele fest, ohne die Experimentierfreude zu verlieren. Zum Beispiel:

Wir möchten einen neuen Vertriebskanal im Metaverse etablieren und „Direct-to-Avatar"-Verkäufe umsetzen – also Verkäufe digitaler Produkte, die nur in der digitalen Welt konsumiert werden können (z. B. Mode-Ausstattung für Avatare). Laut JP Morgan (Moy 2022) werden jährlich immerhin 54-Mrd.-US$ für virtuelle Güter ausgegeben.

Oder: Wir möchten Digitale Zwillinge unserer Maschinen und all ihrer Komponenten erstellen, um unseren B2B-Kunden ein virtuelles Showroom-Erlebnis zu bieten, Schulungen zu verkaufen und Condition Monitoring sowie Predictive Maintenance als Service anzubieten.

Die Suche und Auswahl der passenden VR/AR-Lösungen und Metaverse-Anbieter setzt eine gründliche Recherche und Analyse derjenigen Plattformen voraus, auf denen die Zielgruppe aktiv ist: Wie sind die User dort unterwegs? Welche Interessen haben sie? Welche Art von Inhalten konsumieren sie? Unser Rat: Identifizieren Sie, welche Teile Ihrer Zielgruppe am ehesten im Metaverse präsent sind und wie sie von Ihren

Produkten oder Dienstleistungen profitieren könnten. Entwickeln Sie auch Kommunikationsstrategien, um Ihr neues Angebot im Metaverse Ihrer Kundengruppe zu vermitteln. Wenn Sie im Social Metaverse aktiv sein möchten, fragen Sie sich: Auf welchen Metaverse-Plattformen ist Ihre Zielgruppe unterwegs? Wo lohnt es sich, ebenfalls Präsenz zu zeigen? Experimentieren Sie mit verschiedenen Plattformen, um zu erkennen, was wo funktioniert. Wenn Sie eher im Industrial oder Enterprise Metaverse aktiv sein möchten, dann sollte Ihre Kernfrage lauten: Welche virtuellen Raumentwickler und AR/VR-Anbieter sind für unsere Bedürfnisse wichtig?

Bevor Sie direkt an Kunden treten, können Sie zunächst auch interne Use Cases in verschiedenen Unternehmensbereichen entwickeln (Klöß et al. 2023) – und sehen, wie Ihre Mitarbeitenden mit der Technologie arbeiten.

6.2.2 Der Marketing- und Sales-Funnel im Metaverse

Im nächsten Schritt geht es darum, Marketingkampagnen zu entwickeln, die das Engagement der Kunden im Metaverse fördern – und einen Sales-Funnel zu skizzieren. Sei es durch Gewinnspiele, Events, virtuelle Konzerte, exklusive Inhalte oder Webinare: Scheuen Sie nicht, Ihr Metaverse-Marketing mit Ihrem „realen" Marketing zu verschmelzen. Der Marketing-Mix erweitert sich durch das Metaverse um eine Ebene. Wie könnte ein Marketing- und Sales-Funnel im Metaverse für ein B2B-Unternehmen, vereinfacht, aussehen?

- Awareness (Bewusstsein): Damit Kunden auf das Anbieterunternehmen aufmerksam werden, richtet es zunächst VR-Showrooms ein, in denen es potenziellen Geschäftspartnern Produkte oder Dienstleistungen in einer 3D-Umgebung präsentiert. Darüber hinaus bietet das Unternehmen auch virtuelle Schulungen, Webinare und Whitepaper an, in denen es sein Fachwissen teilt und den Kundennutzen zeigt.
- Interest (Interesse): Im nächsten Schritt bieten die Verantwortlichen virtuelle Networking-Events und Konferenzen zum Thema und zur

Produktwelt an. Es werden Kunden, Journalisten und andere Stakeholder eingeladen, an der Veranstaltung teilzunehmen. So entsteht eine rege Interaktion mit potenziellen Geschäftspartnern. Auf der Konferenz werden Showcases und die Anwendungen der Produkte in der virtuellen Welt präsentiert.
- Consideration (Prüfung): Interessenten erhalten nun interaktive und individualisierbare Produkt-Demos, damit diese ein tieferes Verständnis darüber gewinnen. Die Kundenseite bekommt vom Anbieter Tools zu Verfügung gestellt, mit denen sie die virtuelle Produktwelt selbst erfahren und ausprobieren können. Berater des Anbieters bieten auch die Verkaufsverhandlung im virtuellen Raum an.
- Decision (Entscheidung): Die Verhandlungen und Diskussionen über Vertragsdetails beginnen. Ob sie physisch, per Videocall oder als Avatare in einer sicheren Metaverse-Umgebung geführt werden, darf der Kunde entscheiden.
- Retention (Bindung): Im Up-Selling werden dem Kunden virtuelle Support- und Schulungsangebote als Zusatz-Services bereitgestellt. Um die Kundenbindung zu stärken, werden für Geschäftskunden außerdem regelmäßig exklusive Metaverse-Veranstaltungen oder Schulungen im Abo-Modell angeboten.
- Advocacy (Befürwortung): In den Exklusivveranstaltungen bringt der Anbieter verschiedene Kunden zueinander und fördert das Networking. Mit der Zeit baut sich das Anbieterunternehmen eine Metaverse-Community auf, in der Kunden sich gegenseitig unterstützen und Erfahrungen austauschen können.

6.2.3 Influencer und strategische Partnerschaften

Es lohnt sich immer auch, Influencer in das Marketing einzubeziehen. Im B2C-Bereich können das Social-Media-Influencer oder andere passende Prominente sein. Im B2B-Bereich stellt sich die Frage, ob das Unternehmen bereits einen Corporate Influencer aufgebaut hat, beispielsweise jemanden aus der Geschäftsführung oder eine Person, die das Unternehmen auf Messen und bei Kunden repräsentiert und eine kritische Followerschaft auf LinkedIn hat. Falls nicht: Es kann sich lohnen, einen

Corporate Influencer aufzubauen, der relevanten Content und erlebnisorientierte Inhalte postet und mit Kunden interagiert. Für das Metaverse könnte es auch ein Virtual Influencer sein, der für Tutorials oder Produktvorstellungen genutzt wird. Im B2B-Geschäft ist das aber nicht zwingend notwendig.

Schauen Sie außerdem nach strategischen Kooperationen mit anderen Marken oder Veranstaltern, um die Sichtbarkeit Ihrer Marke zu erhöhen und Ihre Zielgruppe anzusprechen. Aktivieren Sie auch vorhandene Geschäftsbeziehungen: Sie können Top-Kunden einbinden, um beispielsweise gemeinsam ein Leuchtturmprojekt im Metaverse zu präsentieren.

6.2.4 Risikokalkulation

Metaverse ist ein Medium, ein Kanal. Und gleichzeitig viel mehr als das. Planen Sie für all Ihre Marketingaktivitäten auch Risiken. Jeder kennt die Shitstorms in den sozialen Medien, wenn sich ein Unternehmen bei einer Kampagne verschätzt. Unternehmen und Marken setzen sich einem gewissen Risiko aus, sobald sie online direkt und in Echtzeit mit Kunden interagieren. Rasante Feedbackschleifen und die Gefahr, mit negativen Schlagzeilen viral zu gehen, sind typische Risiken im Social-Media-Marketing. Im Metaverse sind diese Risiken mindestens genauso vorhanden – wenn nicht gar noch größer.

Unser Rat: Stellen Sie klare Regeln für den Auftritt im Metaverse auf, an die sich das Marketingteam und alle Repräsentanten in der virtuellen Welt halten müssen. Wie gehen wir mit negativen Kundenerlebnissen oder enttäuschten Fans in Echtzeit um? Wie managen wir Fehlerbehebungen? Wie gewährleisten wir Sicherheit und Datenschutz?

6.2.5 Messen und Anpassen

Zu jeder Marketing-Kampagne gehört eine entsprechende Performance- und Erfolgsmessung. Für das Metaverse stellt sich die Frage: Welche Metriken aus dem klassischen digitalen Marketing lassen sich sinnvoll auf Kampagnen im Metaverse übertragen – und wo werden eventuell noch andere Messdaten benötigt? Finden messbare Konversionen im Metaverse statt? Sind Likes oder Shares auch im virtuellen Raum möglich? Wahrscheinlich werden Sie neue Metriken finden müssen, die das User-Verhalten im Metaverse messen.

Ein Tool, das sich Marketingabteilungen, aber auch Produktentwickler, nicht entgehen lassen sollten, ist das Eyetracking: Sensoren in der VR/AR-Brille messen den Blickverlauf der Nutzer und erhalten mit den gesammelten Daten wertvolle Erkenntnisse derer User Experience. Somit können Unternehmen herausfinden, welche Bereiche eines Produkts am häufigsten betrachtet wurden. Auch lassen sich durch das Eyetracking Interaktionsmuster der Benutzer mit virtuellen Objekten oder Schnittstellen aufzeichnen. Die Erkenntnisse können genutzt werden, um die Benutzerfreundlichkeit (Usability) zu verbessern – oder sogar, um entsprechend des Blickverlaufs personalisierte Inhalte hervorzuheben. Zum Beispiel:

Ein Auto-Konfigurator mit VR-Brille nutzt die Eyetracking-Technologie – und analysiert das Blickverhalten des Benutzers, um individuelle Vorlieben und Interessen zu erkennen. So erkennt er beispielsweise, welche Fahrzeugfarben oder -ausstattungen die Aufmerksamkeit des Benutzers besonders anziehen. Das ermöglicht eine personalisierte Präsentation und Anpassung des Fahrzeugs, basierend auf den visuellen Präferenzen des Benutzers. Wenn der Benutzer beispielsweise länger auf einer bestimmten Lackfarbe oder einem spezifischen Interieur verweilt, kann der Konfigurator automatisch ähnliche Optionen vorschlagen oder hervorheben. Das Eyetracking kann auch Emotionen wie Überraschung, Begeisterung oder Desinteresse erfassen, indem es die Blickmuster interpretiert und so das Verständnis für die emotionale Reaktion der Benutzer auf virtuelle Inhalte vertieft.

Auch für Design-Entscheidungen im virtuellen Raum kann Eyetracking genutzt werden. Im Onlinemarketing wird manchmal Click-Tracking verwendet, um zu sehen, an welcher Stelle eine Anzeige am häufigsten geklickt wird oder mit welchem Design User stärker mit einer Website interagieren. Solche A-B-Tests lassen sich im Metaverse auch mit Eyetracking durchführen. Verfolgen Sie regelmäßig die Leistung Ihrer Aktivitäten im Metaverse sowie die Nutzerraktionen – und passen Sie Ihre Strategie entsprechend an.

Literatur

Buchholz, Katharina (2023): *How the Metaverse is Making Money.* Statista. https://www.statista.com/chart/29329/metaverse-revenue/ Zugegriffen: 31.01.2024.

Klöß, Sebastian et. al. (2023): *Augmented und Virtual Reality im Unternehmen einführen. Impulse und Best Practices aus der Praxis.* Bitkom. https://www.bitkom.org/sites/main/files/2023-10/bitkom-leitfaden-augmented-und-virtual-reality-im-unternehmen-einfuehren.pdf Zugegriffen: 31.01.2024.

Moy, Christine (2022): *Opportunities in the metaverse – How businesses can explore the metaverse and navigate the hype vs. reality.* J. P. Morgan. https://www.jpmorgan.com/content/dam/jpm/treasury-services/documents/opportunities-in-the-metaverse.pdf Zugegriffen: 31.01.2024.

Tagesschau (2023): *Bosch und Lidl investieren in deutsches KI-Startup.* https://www.tagesschau.de/wirtschaft/digitales/aleph-alpha-ki-finanzierungsrunde-100.html Zugegriffen: 31.01.2024.

7

Chancen und Risiken

Neue Technologien bieten immense Chancen, bergen aber gleichzeitig auch Risiken. In diesem Kapitel stellen wir die größten Chancen der VR- und AR-Technologien vor: kundenzentriertes Marketing, emotionalere Kundenerlebnisse, eine stärkere Markenwahrnehmung sowie großes Umsatzpotenzial. Auf der anderen Seite decken wir aber auch die größten Risiken auf: Herausforderungen durch die fortschreitende Deepfake-Technologie, Sicherheits- sowie Datenschutzbedenken. Damit möchten wir eine Orientierung für Entscheidungsträger bieten, die sich zunehmend mit unternehmerischen Perspektiven im Metaverse auseinandersetzen.

7.1 Chancen

Mittlerweile haben Sie einen ersten Einblick in die vielversprechenden Chancen gewonnen, die die aufstrebenden VR- und AR-Technologien Unternehmen bieten können. In den kommenden Abschnitten möchten wir zwei besonders herausragende Möglichkeiten noch einmal näher beleuchten.

7.1.1 Innovatives Marketing und hoch emotionale Kundenerlebnisse

Das Metaverse bietet Unternehmen eine Steilvorlage für kundenzentrierten Vertrieb mit hoher Customer Experience (CX). Die CX beeinflusst nicht nur die Produktentwicklung, sondern durchzieht auch sämtliche Bereiche wie Marketing, Service und Sales. Eine positive CX garantiert, dass Kunden nicht nur zufrieden sind, sondern auch wiederkommen. Und wie entsteht eine positive Kundenerfahrung? Durch emotionale Momente, fesselnde Geschichten und prägende, vielleicht sogar unvergessliche Erlebnisse. Das Metaverse zeichnet innovative Wege für Marketingabteilungen vor, um den Fokus weg vom reinen Produkt und hin zum Kunden zu lenken. Kunden werden nun noch stärker zu Protagonisten, zu Helden der Geschichte, während das Produkt ihr verlässlicher Begleiter ist – und ihnen ermöglicht, Großartiges zu vollbringen. In dieser Perspektive wird jede Interaktion zu einem bedeutungsvollen Schritt auf einer Reise, auf der der Kunde im Mittelpunkt steht.

Das Metaverse schafft hoch emotionale Kundenerlebnisse. Der Einsatz von VR und AR ermöglicht ein einzigartiges Kauferlebnis, das Emotionen intensiviert und Kunden nachhaltig beeindruckt. Emotionen sind ein entscheidender Treiber für Kaufentscheidungen (Soodan et. al. 2016) – und das Metaverse bietet Unternehmen die Plattform, um diese Emotionen gezielt anzusprechen und zu nutzen. Selbst im B2B-Bereich finden Kaufentscheidungen auf der emotionalen Ebene statt. Komplexe Sachverhalte werden durch AR und VR besser vermittelt, da sie abstrakte Konzepte oder komplexe Strukturen visuell und erlebbar darstellen. Dadurch können Unternehmen nicht nur ihre Kunden, sondern auch Geschäftspartner auf eine innovative und beeindruckende Weise ansprechen. Mit dem Metaverse können Unternehmen über traditionelle Grenzen hinausgehen, und einzigartige, emotionale Bindungen zu ihren Zielgruppen aufbauen.

7.1.2 Markenbekanntheit und Umsatzsteigerung

Emotionen und positive Kauferlebnisse führen zur größeren Markenbekanntheit – und zu mehr Umsatz! Ein beeindruckendes Beispiel hierfür ist das Event „Gucci Garden Experience" der Luxusmarke Gucci auf der Gaming-Plattform Roblox (Hackl 2021): Während einer zweiwöchigen Veranstaltung im Gucci Metaverse „Gucci Garden" auf Roblox wurde eine virtuelle Gucci Dionysus-Tasche für 350.000 Robux, der virtuellen Währung von Roblox, zum Verkauf angeboten. 350.000 Robux sind 4115 US$. Die virtuelle Tasche fand einen Käufer, dessen Avatar sich nun in der Roblox-Welt damit schmücken kann. Und zwar nur dort, denn: Diese Roblox-Tasche ist kein NFT und hat daher keine Verwendung und keine Übertragbarkeit außerhalb der Roblox-Welt. Dennoch ist sie nun mehr wert als die meisten Gucci-Taschen in der realen Welt. Durch diese kreative Kampagne konnte Gucci gezielt die Aufmerksamkeit der begehrten Zielgruppe der Generation Z auf sich ziehen. Auch Ralph Lauren und Nike verkaufen bereits Kleidung für Avatare im Metaverse – und experimentieren, wie sie dort nicht nur den Umsatz steigern, sondern auch die Verbindung zu jüngeren Zielgruppen stärken können, wenn das Marktvolumen 2030 um die 500 Mrd. US$ groß ist (Buchholz 2023). Laut Influencermarketing-Hub (Mileva 2023) hat Nike mit seinem Metaverse „Nikeland" auf der Plattform Roblox bereits über 31,5 Mio. Visits generiert.

7.2 Risiken

Die faszinierenden Möglichkeiten des Metaverse bergen allerdings nicht nur Potenziale, sondern auch ernsthafte Risiken. Zwei besonders bedeutsame Herausforderungen treten dabei deutlich hervor:

7.2.1 Deepfake-Technologie und Vertrauensprobleme

Die rasant fortschreitende Entwicklung der Deepfake-Technologie wirft bedenkliche Fragen im Hinblick auf das Vertrauen in digitale Inhalte auf. Audio und Videos lassen sich mittlerweile so überzeugend manipulieren, dass beispielsweise die Gesichtsbewegungen eines Doubles nahtlos auf das Gesicht einer vollkommen anderen Person übertragen werden können – und das auch noch lippensynchron in Echtzeit. So tauchte im Herbst 2023 ein Deepfake des Schauspielers Tom Hanks auf, in dem er für Zahnvorsorge Werbung machte (Dpa, 2023). Der Hollywood-Star betonte, dass er nie so ein Video gedreht habe. Im Frühling 2023 erschien ein vermeintlich neuer Song des Rappers Drake und des Sängers The Weeknd (Coscarelli 2023). Das Lied wurde 600.000-mal auf Spotify gestreamt, bevor Drakes Musiklabel es von der Plattform nehmen ließ. Ein weiteres, beunruhigendes Beispiel ereignete sich im Jahr 2022 nach einem Cyberangriff auf den ukrainischen Fernsehsender Ukraine 24. Hacker veröffentlichten ein Deepfake-Video, in dem der ukrainische Präsident Wolodymyr Selenskyj seine Streitkräfte scheinbar zum Niederlegen der Waffen und zur Kapitulation aufforderte (Wieschollek, 2022).

Solche Deepfakes stellen nicht nur eine unmittelbare Bedrohung für die politische Stabilität ganzer Länder dar, sondern könnten auch das Vertrauen von Unternehmen und Personen des öffentlichen Interesses untergraben, da Authentizität und Glaubwürdigkeit von digitalen Inhalten infrage gestellt werden. Auf kunstschaffender Ebene stellt sich die Frage, wie Künstler in Zukunft ihr Werk schützen können, wenn sich ihre Stimmen mit Deepfake-Technologie einfach kopieren lassen. Die kanadische Popsängerin Grimes hat darauf schon eine kreative Antwort gefunden: Sie lädt Künstler ein, ihre KI-generierte Stimme straffrei für Songs zu nutzen – solange sie 50 % Tantiemen auf die damit generierten Einnahmen erhält (Savage 2023).

7.2.2 Sicherheitsrisiken und Datenschutzbedenken

Ein weiteres zentrales Problem im Metaverse sind die Sicherheitsrisiken und Datenschutzbedenken, die mit der globalen Verfügbarkeit und Offenheit der virtuellen Welt einhergehen. Die Idee, dass das Metaverse allen Menschen weltweit zugänglich sein soll, wirft rechtliche Fragen auf, zum Beispiel: Welches Recht legt die Regelungen bei einem virtuellen Grundstückkauf fest? Ist es überhaupt möglich, einen universellen rechtlichen Rahmen dafür zu finden? Und wie wird im Metaverse mit Beleidigungen, Cyber-Mobbing oder gar sexueller Belästigung umgegangen? Alles Aspekte, die in der digitalen Welt schon länger Schwierigkeiten bereiten.

Die Herausforderung besteht darin, einen internationalen Rechtsrahmen zu schaffen, der die unterschiedlichen Rechtsvorschriften aller Länder berücksichtigt. Im Worst Case läuft das darauf hinaus, dass niemand die Verantwortung für die rechtliche Sicherheit übernimmt. Die Diskussion über die Notwendigkeit einer „Metaverse-DSGVO" gewinnt an Bedeutung. Wie eine solche aussehen könnte und wie sie die Balance zwischen Offenheit und Schutz individueller Rechte wahren kann, sind entscheidende Fragen auf dem Weg zu einer verantwortungsbewussten und rechtlich stabilen digitalen Zukunft. Die Entwicklung so einer Metaverse-DSGVO erfordert eine enge Zusammenarbeit zwischen Regierungen, Technologieunternehmen und Datenschutzexperten.

Die zunehmende Bedeutung von Datenschutz und Sicherheit im Metaverse wird durch die fortschreitende Entwicklung der Deepfake-Technologie unterstrichen. Es ist essenziell, dass Unternehmen, die im Metaverse aktiv werden möchten, diese Risiken ernst nehmen und geeignete Maßnahmen ergreifen, um die Sicherheit ihrer Kunden und die Integrität ihrer Marke zu gewährleisten.

Literatur

Buchholz, Katharina (2023): *How the Metaverse is Making Money*. Statista. https://www.statista.com/chart/29329/metaverse-revenue/ Zugegriffen: 31.01.2024.

Coscarelli, Joe (2023): An A.I. Hit of Fake 'Drake' and 'The Weeknd' Rattles the Music World. New York Times: https://www.nytimes.com/2023/04/19/arts/music/ai-drake-the-weeknd-fake.html Zugegriffen: 31.01.2024.

Dpa (2023): *Ein gefälschter Tom Hanks macht Werbung*. FAZ. https://www.faz.net/aktuell/feuilleton/kino/deep-fake-tom-hanks-warnt-auf-instagram-vor-ki-werbung-19214939.html Zugegriffen: 31.01.2024.

Hackl, Cathy (2021): *Metaverse Weekly: Virtual Gucci Pursues, Digital People, Direct To Avatar Ecosystem, Nerf, NFTs And Beyond*. Forbes. https://www.forbes.com/sites/cathyhackl/2021/06/01/metaverse-weekly-virtual-gucci-pursues-digital-people-direct-to-avatar-ecosytem-nerf-nfts-and-beyond/ Zugegriffen: 31.01.2024.

Mileva, Geri (2023): *48 Metaverse Statistics – Market Size & Growth 2023*. Influencer Marketing Hub. https://influencermarketinghub.com/metaverse-stats/ Zugegriffen: 31.01.2024.

Savage, Mark (2023): *Grimes says anyone can use her voice for AI-generated songs*. BBC. https://www.bbc.com/news/entertainment-arts-65385382 Zugegriffen: 31.01.2023.

Soodan, Vishal (2016): *Influence of emotions on consumer buying behavior*. H.N.B.Garhwal University. http://www.scientificia.com/index.php/JEBE/article/view/48 Zugegriffen: 31.01.2024.

Wieschollek, Claudia (2022): *Selenskyj kapituliert – aber Video ist nur ein Deep Fake*. T3N. https://t3n.de/news/deepfake-video-selenskyj-hacker-ukraine-1459750/ Zugegriffen: 31.01.2024.

8

Infos, Links und Checklisten

Nachdem Sie nun einen umfassenden Überblick über das Metaverse, seine zugrunde liegenden Technologien und die damit verbundenen Möglichkeiten erhalten haben, möchten wir Ihnen in diesem abschließenden Kapitel nützliche Ressourcen, Links und Checklisten bereitstellen. Diese sollen Ihnen als wertvolle Werkzeuge dienen, mit denen Sie Ihr unternehmerisches Engagement im Metaverse optimal beginnen können. Obwohl die hier zusammengetragenen Informationen nicht vollständig sind, bieten sie dennoch eine fundierte Übersicht und können Ihnen als Leitfaden für weitere Schritte dienen. Wir hoffen, dass diese Ressourcen Ihnen bei der erfolgreichen Umsetzung Ihrer unternehmerischen Aktivitäten im Metaverse von Nutzen sind.

8.1 12 wichtige Metaverse-Unternehmen

Im Rennen um die Poleposition im Metaverse-Markt sind unzählige Unternehmen beteiligt. Die 12 Unternehmen, die wir hier vorstellen, sind entweder auf den Aufbau einer virtuellen Welt sowie auf die Entwicklung virtueller Assets innerhalb virtueller Welten spezialisiert –

oder auf die Entwicklung von AR/VR-Hardware. Dass die großen US-Tech-Giganten mit dabei sind, überrascht nicht. Aber vielleicht finden Sie auch einige Unternehmen, von denen Sie zuvor noch nichts gehört haben.

8.1.1 Amazon

Amazon ist ein bedeutender Akteur in der Einführung von VR und AR in der Spielebranche, dank seiner AWS Cloud Computing-Infrastruktur. Amazon Game Studios, das interne Unternehmen für Spieleentwicklung, hat erfolgreiche Spiele wie New World und Crucible auf den Markt gebracht, die eines Tages in ein Metaverse integriert werden könnten. Amazon erkundet auch AR-Möglichkeiten im Einzelhandel, z. B. mit der AR-View-App, die es ermöglicht, Möbel virtuell zu platzieren.

8.1.2 Apple

Mit Apples Mixed-Reality-Brille Apple Vision Pro zeigt das Unternehmen seine Vision vom Metaverse und Spatial Computing: Nämlich, dass Menschen nicht vollständig in virtuelle Welten eintauchen, sondern die reale Welt mit virtuellen Komponenten verschwimmt (Wulfers 2023). Die XR-Brille Apple Vision Pro eröffnet Nutzern einen immersiveren Zugang zu Inhalten und Apps. Mit dem Apple-Betriebssystem VisionOS ausgestattet, bietet das Gerät zumindest ein Nutzererlebnis, das einem Metaversum alle Ehren machen würde.

8.1.3 Decentraland

Decentraland ist ein aufstrebendes Metaverse mit dezentralisierter Plattform, heißt: Es werden keine Nutzerdaten von Dritten gespeichert. Nutzer können virtuelles Land erwerben und individuell gestalten, zum Beispiel, indem sie Häuser darauf bauen. Prominente wie Paris Hilton tragen zur Popularität der Plattform bei, auf der oftmals virtuelle Events und Partys veranstaltet werden. Decentraland nutzt die Kryptowährung MANA für Transaktionen und bietet einen Marktplatz für den Verkauf von Kreationen. Die virtuellen Immobilien, darunter Grundstücke, erzielen teilweise Millionen-Dollar-Preise und sind bei Investoren begehrt.

8.1.4 Epic Games

Im April 2022 sammelte das Unternehmen Epic Games mehr als 2 Mrd. US-Dollar ein, um sein soziales Metaverse zu entwickeln. Das Unternehmen ist führend im Metaverse-Markt und einzigartig positioniert durch den Erfolg von Fortnite, einem plattformübergreifenden Spiel-Phänomen, sowie durch die fortschrittliche Spiel-Engine „Unreal Engine", die die Schaffung virtueller Welten, Assets – und immersiver Erfahrungen ermöglicht.

8.1.5 Google

Mit Google Glass hatte der Tech-Konzern damals die erste Brille mit Kamera entwickelt – und seitdem einige AR/VR-Projekte gestartet und wieder begraben. Google Glass wird immerhin für die verarbeitende Industrie verwendet. Im September 2023 kündigte das Unternehmen aber an, die Produktion und die Softwareaktualisierungen einzustellen. Der IT-News-Plattform Golem.de zufolge, möchte sich das Unternehmen zunehmend auf AR-Software fokussieren (Költzsch 2023). Es kursieren Gerüchte eines „Android für AR", das von verschiedenen AR-Hardware-Herstellern genutzt werden kann.

8.1.6 Meta

Die Umbenennung des Unternehmens Facebook in „Meta" verdeutlicht den strategischen Fokus des CEO Mark Zuckerberg auf ein eigenes Metaverse. Die Ankündigung zur Umbenennung im Oktober 2021 schuf ein Bewusstsein für virtuelle 3D-Welten. Meta konzentriert sich auf die Entwicklung erschwinglicher AR/VR-Headsets und einer immersiven virtuellen Welt. Trotz großer Verluste plant Zuckerberg weitere Investitionen, um die Ziele im Metaverse zu erreichen. Konkurrenten wie Sandbox sind ebenfalls aktiv, und Meta forscht intensiv an innovativer Hardware wie einer Roboter-„Haut" für verbesserte Nutzerinteraktionen im Metaverse.

8.1.7 Microsoft

Microsoft möchte mit „Mixed Reality" (AR und VR) die nächste digitale Revolution anführen. Das HoloLens-Headset von Microsoft verbindet AR mit realen Anwendungen, z. B. in der Zusammenarbeit mit dem Motorradhersteller Kawasaki: Fabrikarbeiter nutzen die HoloLens für den Roboterbau und das Management von Lieferketten. Das industrielle Metaverse ist hier im praktischen Aufbau. Die 2016 eingeführte HoloLens ermöglicht es Nutzern, AR in der realen Welt zu erleben. Microsofts Übernahme des Videospielanbieters Activision Blizzard für rund 70 Mrd. Dollar im Januar 2022 zielte darauf ab, Microsoft beim Aufbau des eigenen Metaverse zu unterstützen. Activision Blizzard, bekannt für Spiele wie Call of Duty und Warcraft, wird als wertvolle Ressource für dieses Projekt betrachtet.

8.1.8 NVIDIA

NVIDIA, bekannt für Grafikprozessoren in der Spieleindustrie, hat im Metaverse mit seinem Tool „Omniverse" Aufsehen erregt. Omniverse fördert die gemeinsame Arbeit an 3D-Modellen und bietet einen Rahmen für Metaverse-Kreationen. Unternehmen wie BMW, PepsiCo und Amazon nutzen Omniverse für digitale Assets und immersive Erfahrungen. Das eigene GPU-System NVIDIA OVX ermöglicht komplexe Simulationen innerhalb des Omniverse für Entwickler und Ingenieure. Mit Earth-2 hat NVIDIA den digitalen Zwilling der Erde erstellt: Die Plattform wird für Klimaprognosen und Wettervorhersagen genutzt, weil sie die globale Atmosphäre in noch nie dagewesener Geschwindigkeit und Größe simuliert und visualisiert.

8.1.9 Roblox

Die beliebte Metaverse-Plattform Roblox erleichtert die Entwicklung einer „Creator Economy", indem sie Nutzern ermöglicht, eigene virtuelle Räume zu gestalten. Mit Avataren können Spieler verschiedene Räume erkunden und Spiele spielen. Roblox veranstaltet Festivals wie den Electric Daisy Carnival (EDC) und hat über 37 Mio. täglich aktive Nutzer. Marken wie Nike nutzen die Plattform für eigene Metaversen, z. B. „Nikeland", wo Nutzer an sportlichen Spielen teilnehmen, die neuesten Kollektionen erkunden – und virtuelle sowie reale Artikel kaufen können.

8.1.10 Sandbox

Das Sandbox Metaverse erlebt einen starken Popularitätsschub, besonders durch Prominente wie Snoop Dogg, der dort sein eigenes Metaverse „Snoopverse" hat, was er im Musikvideo „House I Built" vorstellt. Die Plattform erlaubt es Benutzern, mit dem spielinternen 3D-Editor VoxEdit eigene 3D-Assets zu erstellen und sie auf dem Marktplatz im Spiel zu verkaufen. Das fördert die Monetarisierung der kreativen Schöpfungen. Ähnlich wie Decentraland gewinnt der virtuelle Immobilienmarkt im Sandbox-Metaversum an Attraktivität. Ein Investor kaufte ein virtuelles Grundstück neben Snoop Dogg für 450.000 US\$. Die Spielwährung SAND kann an Online-Krypto-Börsen gegen andere Währungen getauscht werden.

8.1.11 Shopify

Auch die führende E-Commerce-Plattform Shopify mischt seit der Einführung von Shopify AR im Metaverse mit. Dabei handelt es sich um eine Augmented-Reality-Lösung für 3D-Modelle, die das Kauferlebnis verbessern soll. Shopifys Partnerschaft mit Crypto.com ermöglicht Zahlungen in über 20 Kryptowährungen, darunter Bitcoin und Ethereum. Die Zusammenarbeit mit Novel eröffnet Nutzern die Möglichkeit,

NFTs zu prägen und zu vertreiben, um von der wachsenden Nachfrage nach digitalen Vermögenswerten im Metaverse zu profitieren.

8.1.12 Siemens

Im Juli 2023 gab Siemens bekannt, 1 Mrd. Euro in den Wirtschaftsstandort Deutschland investieren zu wollen – und 500 Mio. Euro davon in ein industrielles Metaverse (Siemens 2023). Damit hat sich das Unternehmen klar in Stellung gebracht. Am hochmodernen Entwicklungsstandort Erlangen soll nun ein neuer Campus für Entwicklung und High-Tech-Fertigung entstehen – und der Digitale Zwilling einer Industrieanlage.

8.1.13 Unity Technologies

In der Spieleindustrie ist Unity schon lange ein bekannter Name. Das Unternehmen hat dazu beigetragen, technologische Lücken für Metaverse-Entwickler zu schließen. Viele nutzen die Unity-Engine, um immersive Erlebnisse im Metaverse für verschiedene Branchen zu schaffen. Das Unternehmen stellt Entwicklern eine Vielzahl an Softwarelösungen für die Monetarisierung von 3D- und 2D-Inhalten zur Verfügung. Die native C#-Programmierung (C#, ausgesprochen als „C-Sharp") von Unity ist weit verbreitet – und wesentlich nutzerfreundlicher als die der starken Konkurrenz von Unreal Engine. Durch die Entwicklung von VR/AR-Spielen spielt Unity eine entscheidende Rolle in der Zukunft des Metaverse.

8.2 Checkliste für den Einstieg ins Metaverse

8.2.1 Ziele und Strategieentwicklung

Fragestellung:

- Welche konkreten Ziele haben Sie für die Einführung von VR im B2B-Bereich definiert, unter Berücksichtigung von Produktivitätssteigerung, Kundenzufriedenheit, Umsatzsteigerung und Produktionskostensenkung?
- Entsprechen Ihre Ziele den SMART-Kriterien (spezifisch, messbar, erreichbar, relevant, zeitlich definiert)?

8.2.2 Technische Vorbereitung

Fragestellung:

- Wie haben Sie die geeignete VR-Hardware und -Software für Ihr Unternehmen ausgewählt, und welche spezifischen Anforderungen wurden dabei berücksichtigt?
- Haben Sie eine Machbarkeitsstudie durchgeführt, um die IT-Infrastruktur auf VR-Tauglichkeit zu prüfen, und welche Ressourcen sind verfügbar?

8.2.3 Implementierung und Integration

Fragestellung:

- Wie überwachen Sie die Implementierung von VR-Lösungen im Hinblick auf Budget und Zeitplan, basierend auf den Ergebnissen der Machbarkeitsstudie?
- Wie stellen Sie sicher, dass die eingeführten VR-Lösungen nahtlos in Ihre Geschäftsprozesse integriert sind und mit diesen harmonieren?

8.2.4 Schulung und Kompetenzaufbau

Fragestellung:

- Wie erfolgt die Schulung Ihrer Mitarbeiter bezüglich der Anwendung von VR-Technologie und den veränderten Arbeitsprozessen?
- Wie bauen Sie internes Know-how auf, um sicherzustellen, dass Ihre Mitarbeiter schnell mit der neuen VR-Technologie vertraut sind?

8.2.5 Erprobung und Evaluierung

Fragestellung:

- Haben Sie Pilotprojekte mit ausgewählten Kunden durchgeführt, um die VR-Lösungen im realen Geschäftskontext zu testen? Wie wurde die Kundenakzeptanz bewertet?
- Wie holen Sie Feedback ein und welche Anpassungen werden vorgenommen, um Prozesse und Anwendungen zu optimieren?

8.2.6 Langfristige Planung und Skalierung

Fragestellung:

- Wie messen und überprüfen Sie regelmäßig den Erfolg von VR in Bezug auf die Erreichung Ihrer Geschäftsziele?
- Welche Strategien haben Sie für die langfristige Skalierung und Ausweitung des VR-Einsatzes im Unternehmen geplant?

Die Parallelen zwischen der frühen Entwicklung des Internets und der aktuellen Entwicklung des Metaverse sind unverkennbar. Für Unternehmen bietet das Metaverse ein enormes Innovationspotenzial, das es in den nächsten Jahren zu erschließen gilt (s. Tab. 8.1). Ein proaktiver Ansatz und die Bereitschaft, in neue Technologien zu investieren, werden entscheidend sein, um langfristig erfolgreich zu sein.

Tab. 8.1 Die Evolution des Metaverse

Zeitraum	Phase	Erläuterung
2024 bis 2026	Aufsteigende Phase des Metaverse	• Fokus auf Entwicklung und Umsetzung von Metaverse-Strategien • Technologie wird erschwinglicher und leistungsfähiger • Erste Innovationen und erfolgreiche Anwendungsfälle im Metaverse
2027 bis 2029	Konsolidierung und Erweiterung	• Konsolidierung der Technologien • Expansion der Anwendungen und Geschäftsmodelle • VR und AR etablieren sich in Branchen wie Bildung, Unterhaltung und E-Commerce
2030 bis 2032	Das Metaverse reift und findet Akzeptanz	• Reifephase des Metaverse mit einer größeren Bandbreite an Anwendungen und Diensten • Integration in das tägliche Leben, zunehmender regelmäßiger Zugriff der Menschen
ab 2033	Etablierung als Alltagstechnologie	• Das Metaverse wird Teil des Alltags • VR und AR werden in verschiedenen Lebensbereichen normal • Veränderung der Kommunikations-, Arbeits- und Lernweisen

Literatur

Költzsch, Tobias (2023): *Google soll Entwicklung von AR-Headset beendet haben*. Golem. https://www.golem.de/news/project-iris-google-soll-entwicklung-von-ar-headset-beendet-haben-2306-175353.html Zugegriffen: 31.01.2024.

Siemens AG (2023): *Siemens investiert eine Milliarde in Deutschland und legt Grundstein für industrielles Metaverse in der Metropolregion Nürnberg.*

Pressemitteilung vom 13.07.2023, München/Erlangen. https://assets. new.siemens.com/siemens/assets/api/uuid:a5432745-abf9-4cd9-a3fa-12e4adf8f714/HQCOPR202307126746DE.pdf Zugegriffen: 26.02.2024.

Wulfers, Alexander (2023): *Apple beerdigt das Metaverse.* FAZ. https://www.faz.net/aktuell/wirtschaft/unternehmen/apple-beerdigt-das-metaverse-18952460.html Zugegriffen: 31.01.2024.

weiterfuhrente literatur

Chirinos, Carmela (2022): *Someone just paid $450,000 to be Snoop Dogg's neighbor in the metaverse.* Fortune. https://fortune.com/2022/02/02/how-to-buy-metaverse-real-estate-snoop-dogg-celebrity-neighbor/ Zugegriffen: 31.01.2024.

Gain, Vish (2021): *Meta makes robot 'skin' and sensors to give metaverse a new touch.* Silicon Republic. https://www.siliconrepublic.com/machines/facebook-meta-robot-skin-sensor-metaverse Zugegriffen: 31.01.2024.

Google (2023): *Glass Enterprise Edition Announcement FAQ.* https://support.google.com/glass-enterprise/customer/answer/13417888 Zugegriffen: 31.01.2024.

Marina (2022): *Augmented Reality Für Shopify.* Mazing XR. https://mazingxr.com/augmented-reality-fuer-shopify/ Zugegriffen: 31.01.2024.

Milmo, Dan (2023): *Microsoft completes $69bn deal to buy Call of Duty maker Activision Blizzard.* The Guardian. https://www.theguardian.com/business/2023/oct/13/microsoft-deal-to-buy-call-of-duty-maker-activision-blizzard-cleared-by-uk Zugegriffen: 31.01.2024.

NVIDIA: *Earth-2.* https://www.nvidia.com/de-de/high-performance-computing/earth-2/ Zugegriffen: 31.01.2024.

Spiegel Online (2021): *4,3 Millionen Dollar für ein Stück digitales Land.* https://www.spiegel.de/netzwelt/web/metaverse-4-3-millionen-dollar-fuer-ein-stueck-digitales-land-a-07e0638f-d404-41fe-bf40-c9258cfdfe05 Zugegriffen: 31.01.2024.

Word of XR: *Was ist die Unity Engine?* https://worldofvr.de/unity-engine/ Zugegriffen: 31.01.2024.

GPSR Compliance

The European Union's (EU) General Product Safety Regulation (GPSR) is a set of rules that requires consumer products to be safe and our obligations to ensure this.

If you have any concerns about our products, you can contact us on

ProductSafety@springernature.com

In case Publisher is established outside the EU, the EU authorized representative is:

Springer Nature Customer Service Center GmbH
Europaplatz 3
69115 Heidelberg, Germany

www.ingramcontent.com/pod-product-compliance
Ingram Content Group UK Ltd.
Pitfield, Milton Keynes, MK11 3LW, UK
UKHW021324180426

11947UKWH00017B/1417